# Kai Hausmann

# Spiele mit verbundenen Augen

## 200 Spiele und Übungen für Kinder, Jugendliche und Erwachsene

Kai Hausmann, Spiele mit verbundenen Augen. 200 Spiele und Übungen für Kinder, Jugendliche und Erwachsene, Norderstedt: Books on Demand 2021.

https://blinde-kuh.blogspot.com

@Kai Hausmann

2.Aufl.

Herstellung und Verlag: BoD - Books on Demand, Norderstedt,

2021. ISBN  9783752855197

# Inhaltsverzeichnis

# Einleitung

Spiele wie Blindekuh und Topfschlagen dürfen auf keinem Kindergeburtstag fehlen. Aber es gibt noch viele andere Spiele mit verbundenen Augen, die Kinder, Jugendliche und Erwachsene gleichermaßen faszinieren. Sie bereiten nicht nur jede Menge Spaß, sondern fördern Vertrauen und Kooperation und schulen die nichtvisuellen Sinne. Dieses Spielebuch stellt über 200 Spiele, Übungen und Experimente mit verbundenen Augen aus den Bereichen Geschicklichkeitsspiele, Vertrauensspiele und Sinnesspiele zusammen. Passende Spiele findet man für Geburtstag, Party, Umweltpädagogik, Erlebnispädagogik, Teambuilding, Schule, Verein, Ferienlager oder einfach für zwischendurch.

# Was eignet sich als Augenbinde?

Im Grunde eignen sich alle Dreieckstücher, Halstücher, Schals und Bandanas als Augenbinde, wenn sie blickdicht und sauber sind. Außerdem sollten sie weder zu klein noch zu groß sein, damit man sie gut falten und fest umbinden kann. Bandanas sind besonders zu empfehlen, da sie weniger rutschen als andere Tücher. Außerdem sind sie nicht so dick und warm wie Winterschals. Schlafmasken und Stirnbänder sind eine praktische Alternative. Sie können ohne Knoten schnell aufgesetzt und abgenommen werden. Außerdem können sie auch über einen längeren Zeitraum komfortabel getragen werden.

# Augenbinden selbst basteln

Augenbinden können ohne großen Aufwand selbst hergestellt werden. Als Grundlage kann ein altes Bettlaken dienen. Dieses wird mit der Schere in mehrere gleichlange Streifen geschnitten, die etwa 20 Zentimeter breit und 70 bis 80 Zentimeter lang sind. Genau in die Mitte kann man als Einlage ein zusätzliches Stück Stoff oder eine alte Schlafmaske einnähen. Die Einlage wird direkt auf der Augenpartie platziert. Bindet man nun das Tuch am Hinterkopf fest, sind die Augen perfekt vom Licht abgeschirmt. So ist die Augenbinde garantiert blickdicht.

# Und so werden die Augen verbunden...

Das Verbinden der Augen macht nicht nur Spaß, sondern ist für Kinder und Jugendliche zugleich eine spannende Vertrauenssituation. Für eine gute Augenbinde falten Sie das Tuch zu einem ca. 10 Zentimeter breiten Band mit einem kleinen Dreieck in der Mitte. Das Dreieck wird über der Nase platziert und verhindert, dass zwischen Nase und Wange eine Lücke zum hinunterschielen bleibt. Bedecken Sie mit dem gefalteten Tuch die Augenpartie der Spieler/in. Bitten Sie die Spieler/in, das Tuch mit den Händen ans Gesicht zu pressen. So bleibt es in Position, und Sie können es gut festziehen. Die beiden Enden der Augenbinde werden mit einem Doppelknoten am Hinterkopf zusammengebunden. Beginnen Sie den Knoten ein Stück weit entfernt vom Kopf, um zu verhindern, dass die Haare mit eingebunden werden. Achten Sie darauf, dass bei den Sinnesspielen Mund, Nase und Ohren frei bleiben. Überprüfen Sie, ob die Augenbinde fest und bequem sitzt und ob die Spieler/in auch wirklich nichts mehr sehen kann.

# Spiel und Spaß mit Lerneffekt

Die Spiele in diesem Buch sind drei Kategorien zugeordnet. Die Geschicklichkeitsspiele zum Suchen, Fangen, Raten, Necken und Foppen sind vor allem auf den Spaßfaktor zugeschnitten. Bei den übrigen Spielen und Übungen steht hingegen der pädagogische Mehrwert im Vordergrund. Die Vertrauens- und Kooperationsspiele dienen dazu, Vertrauen, Kommunikation und Zusammengehörigkeitsgefühl zu stärken. Mit der Partner/in oder der Gruppe müssen die Spieler/innen gemeinsam Hindernisse überwinden und Aufgaben lösen. Die Sinnesspiele trainieren die nichtvisuellen Sinne unter Ausschaltung des Sehsinns. Für jedes Spiel sind Alter, Anzahl der Spieler, Dauer, Ort (drinnen, draußen, Turnhalle) und benötigte Materialien angegeben. Beachten Sie außerdem die Hinweise zum Spielablauf und die vorgeschlagenen Varianten. Üben Sie mit jüngeren Spieler/innen das Zurechtfinden mit verbundenen Augen zunächst in vertrauter Umgebung. So können sie ein Gefühl für die Situation bekommen und Ängste abbauen. Älteren Spieler/innen fällt es leichter, sich mit verbundenen Augen sicher zu bewegen. Wählen Sie daher für Spieler/innen ab 10-12 Jahren aufwärts einen höheren Schwierigkeitsgrad. Sie dürfen den Spielaufbau vorher nicht sehen und werden einige Male im Kreis gedreht, damit sie die Orientierung verlieren. Da die aktiven Spieler/innen nichts sehen können, ist bei „Blindspielen" die Sicherheit besonders wichtig. Entfernen Sie alle Gegenstände von der Spielfläche, an denen man sich stoßen oder verletzen könnte. Es sollte immer eine Aufsicht vorhanden sein, die helfend eingreifen kann.

# Geschicklichkeitsspiele

Blindekuh und Topfschlagen gehören nicht umsonst zu den bekanntesten und beliebtesten Kinderspielen überhaupt. Doch es gibt noch viele andere Spiele zum Suchen, Fangen und Raten sowie zum Necken und Foppen. Sie sind nicht so bekannt, machen aber nicht weniger Spaß als die Klassiker. Bei den Geschicklichkeitsspielen wird die Augenbinde als Handicap eingesetzt. Eine oder mehrere Spieler/innen müssen sich „blind" auf die Suche nach Gegenständen oder Personen machen. Es müssen Aufgaben bewältigt werden, die mit offenen Augen kinderleicht wären, doch in völliger Dunkelheit schwierig sind und viel Geschick erfordern. Jede Menge Spaß – auch für die Zuschauer – bereiten die Fangspiele. Hier ist die „Blinde Kuh" gegenüber den sehenden Spieler/innen klar im Nachteil. Daraus ergeben sich immer wieder lustige Situationen, wenn die Blinde Kuh auf ihrer Suche von den sehenden Spieler/innen ausgetrickst wird und ins Leere läuft. Eine besonders amüsante Spielsituation ist auch, wenn die Blinde Kuh andere Spieler/innen durch Abtasten oder an der Stimme erkennen muss. Dabei können die Kinder und Jugendlichen der Gruppe einander besser kennenlernen und Berührungsängste spielerisch abbauen. Die Spielregeln können an unterschiedliche Altersgruppen und Anlässe angepasst werden. Auf Kindergeburtstagen sorgen Augenbinden für Spaß und Spannung. Als Party Gag oder für eine unterhaltsame Gruppenstunde sind die Geschicklichkeitsspiele auch für Jugendliche geeignet. Die meisten Spiele erfordern wenig Vorbereitung. Das erforderliche Zubehör findet man in jedem Haushalt.

# Suchen, Fangen, Raten

| 01 | Topfschlagen |
|---|---|

Alter: 8-14      Dauer: 10-20 min.

Spieler: 2-10      Ort: drinnen

Material: 1 Augenbinde, 1 Topf, 1 Kochlöffel, Süßigkeiten

Einem Kind werden die Augen verbunden, es wird einige Male im Kreis gedreht und bekommt einen Kochlöffel in die Hand gedrückt. Die anderen Spieler stellen derweil irgendwo auf dem Fußboden einen Topf auf und stecken eine kleine Süßigkeit darunter. Das „blinde" Kind bewegt sich auf allen vieren durch den Raum und tastet mit dem Kochlöffel nach dem Topf. Die anderen Spieler helfen ihm mit Zurufen wie „heiß", „warm" und „kalt", je nachdem wie nah das Kind dem Topf ist. Wenn das „blinde" Kind den Topf gefunden hat, darf es die Süßigkeit als Belohnung behalten.

Variante: Etwas ältere Kinder können auch um die Wette Topfschlagen. Dabei haben zwei Kinder die Augen verbunden und suchen gleichzeitig nach dem Topf. Für diese Variante braucht man genügend Platz und muss aufpassen, dass sich die beiden „blinden" Kinder nicht aus Versehen gegenseitig mit dem Kochlöffel traktieren.

| 02 | Pin den Schwanz ans Eselchen |
|---|---|

Alter: 8-14      Dauer: 10-15 min.

Spieler: 2-10      Ort: drinnen

Material: Eselszeichnung, mehrere Papierschwänze, Kleber, 1 Augenbinde

An einer Wand wird eine große Eselszeichnung aufgehängt. Die Kinder stellen sich in ca. fünf Metern Entfernung auf. Nacheinander werden ihnen die Augen verbunden, und sie werden einige Male um die eigene Achse gedreht. Sie bekommen einen ausgeschnittenen Papierschwanz mit einer Klebefläche auf der Rückseite in die Hand gedrückt und sollen ihn auf die Zeichnung aufkleben. Wer schafft es, der richtigen Stelle am nächsten zu kommen?

| 03 | Vergiftet |
|---|---|

Alter: 8-16      Dauer: 15-20 min.

Spieler: 5-15      Ort: drinnen

Material: Süßigkeiten, blaue und rote Klebepunkte, Stoppuhr, Augenbinden

Binden Sie einer Spielerin ein Tuch vor die Augen. Bekleben Sie von 10 Süßigkeiten fünf mit einem blauen und fünf mit einem roten Punkt. Die rot markierten sind „vergiftet". Dann legen Sie alle Süßigkeiten verstreut und ruhig etwas versteckt auf dem Boden aus. Drehen Sie die „Blinde" ein paar Mal im Kreis, bevor sie sich auf die Suche nach den Süßigkeiten machen darf. Sie hat zwei Minuten Zeit, so viele wie möglich aufzusammeln. Nach Ablauf der Zeit, darf sie die Augenbinde abnehmen und überprüfen, ob sie sich „vergiftet" hat. Hat sie mehr blau markierte Süßigkeiten gesammelt, bleibt sie im Spiel. Sind es mehr rot markierte oder gleich viele von beiden Farben, scheidet sie aus. Dann kommt die nächste Spielerin an die Reihe. Wer bleibt am längsten im Spiel?

| 04 | Bälle suchen I |
|---|---|

Alter: 10-16      Dauer: 10 min.

Spieler: 2-10      Ort: drinnen

Material: 1 leere Toilettenpapierrolle, 1 Tennisball, 1 Augenbinde

Auf dem Boden wird eine leere Toilettenpapierrolle aufgestellt und ein Tennisball daraufgelegt. Eine Spielerin lässt sich die Augen verbinden und wird einige Male im Kreis gedreht. Sie versucht nun, den Tennisball zu finden und aufzunehmen, ohne die Rolle umzuwerfen. Die sehenden Spieler dürfen die „Blinde" mit Zurufen führen.

| 05 | Bälle suchen II |
|---|---|

| Alter: 10-21 | Dauer: 15 min. |
|---|---|
| Spieler: 4-10 | Ort: draußen |

Material: 2 Eimer, 20 Tennisbälle, 2 Augenbinden

Wir benötigen eine große ebene Spielfläche. Dort werden 20 Bälle ausgelegt und zwei Eimer aufgestellt. Jeweils zwei Spieler bilden ein Team. Je ein Spieler pro Mannschaft stellt sich an einem der beiden Eimer auf. Er darf sich von dort aus nicht fortbewegen. Die anderen beiden Spieler bekommen die Augen verbunden und werden einige Male im Kreis gedreht. Sie müssen nun innerhalb von 15 Minuten so viele Bälle wie möglich finden, aufnehmen und im Eimer des eigenen Teams ablegen. Es dürfen nicht mehrere Bälle gleichzeitig aufgesammelt werden. Jeder Ball muss einzeln zum Eimer gebracht werden. Der sehende Partner führt den „blinden" Partner durch Zurufe zu den Bällen bzw. zum Eimer.

| 06 | Wie viele Schritte? |
|---|---|

| Alter: 8-16 | Dauer: 10 min. |
|---|---|
| Spieler: 4-10 | Ort: drinnen oder draußen |

Material: 2 Stühle, 1 Augenbinde

Im Abstand von einigen Metern werden zwei Stühle genau gegenüber aufgestellt. Der Spieler schätzt, wie viele Schritte er von einem Stuhl zum anderen benötigt. Dann werden ihm die Augen verbunden, und er geht exakt die genannte Anzahl von Schritten. Schafft er es, am Stuhl anzukommen und sich darauf zu setzen?

Hinweis: Die Größe der Schritte ist nicht vorgegeben. Wenn der „blinde" Spieler meint, sich geirrt zu haben, kann er seine Schritte vergrößern oder verkleinern.

| 07 | Blindekuh I |
|---|---|

| Alter: 8-16 | Dauer: 20-30 min. |
|---|---|
| Spieler: 3-10 | Ort: drinnen und draußen |

Material: 1 Augenbinde

Eine Spielerin bekommt die Augen verbunden und wird ein paar Mal um die eigene Achse gedreht. Die Blinde Kuh macht sich nun auf die Suche nach den anderen Spielern und versucht, einen von ihnen zu erhaschen. Die sehenden Spieler necken die Blinde Kuh, schleichen sich an und weichen ihr geschickt aus. Wer gefangen wird, tauscht mit der Blinden Kuh die Rollen.

Variante: Wenn die Blinde Kuh einen Mitspieler fängt, muss sie ihn erst an der Stimme oder durch Abtasten erkennen. Schafft sie es nicht, bleiben ihre Augen verbunden, und sie muss weitersuchen. Gelingt es ihr, darf sie mit dem Erkannten die Rollen tauschen.

| 08 | Blindekuh II |
|---|---|

| Alter: 10-16 | Dauer: 20 min. |
|---|---|
| Spieler: 3-10 | Ort: draußen, Turnhalle |

Material: 2-9 Augenbinden, evtl. 1 Glöckchen

Für diese Variante des Blindekuhspiels brauchen wir eine große Spielfläche. Allen Spielern bis auf einem werden die Augen verbunden. Die Blinden Kühe müssen versuchen, den sehenden Spieler zu finden und zu fangen. Der sehende Spieler darf sich auf der Spielfläche frei bewegen, gibt den Blinden Kühen aber akustische Hinweise, indem er in die Hände klatscht oder ein Glöckchen schwingt.

Hinweis: Besonders lustig wird es, wenn sich zwei Blinde Kühe gegenseitig fangen und durch Abtasten feststellen müssen, dass es sich beim Gegenüber gar nicht um den sehenden Spieler handelt.

01  Topfschlagen

| 09      Zombies | 10      Mona sucht Lisa |
|---|---|
| Alter: 10-16                    Dauer: 20 min. | Alter: 10-21                    Dauer: 10-15 min. |
| Spieler: 4-10                   Ort: draußen, Turnhalle | Spieler: 2-10                   Ort: drinnen, draußen, Turnhalle |
| Material: 3-9 Augenbinden | Material: 2 Augenbinden, Stühle oder 1 Seil, evtl. 2 Rasseln |
| Wir beginnen mit einem klassischen Blindekuhspiel. Einem Spieler werden die Augen verbunden, und er wird einige Male im Kreis gedreht. Er versucht, einen anderen Mitspieler zu fangen. Gelingt ihm das, werden auch dem Gefangenen die Augen verbunden und die Suche geht zu zweit weiter. Je mehr „Zombies" es gibt, desto schwerer wird es für die sehenden Spieler zu entkommen. | Die Spielfläche wird durch Stühle oder ein gespanntes Seil begrenzt. Zwei Spielerinnen (Mona und Lisa) kommen in die Mitte. Sie lassen sich die Augen verbinden und einige Male um die eigene Achse drehen. Mona versucht nun, Lisa zu fangen, während diese zu entwischen versucht. Beide dürfen dabei die Spielfläche nicht verlassen. Wenn Mona ruft: „Lisa, wo bist du?" muss die Gefragte antworten. So kann sich Mona am Gehör orientieren. Lisa allerdings auch.<br><br>Variante: Bei dem Spiel kann man Mona und Lisa auch je eine Rassel in die Hand geben, mit der sie Geräusche erzeugen müssen. |

| 11 Marco Polo | |
|---|---|
| Alter: 8-18 | Dauer: 10-20 min. |
| Spieler: 2 drinnen, draußen, Turnhalle, Swimmingpool | Ort: |

Material: 1 Augenbinde

Ein Spieler hat die Augen verbunden und versucht, den anderen zu fangen. Wenn der Fänger „Marco" ruft, antwortet der Gesuchte „Polo". So kann sich der „blinde" Spieler am Gehör orientieren. Wenn er den sehenden Spieler gefangen hat, werden die Rollen getauscht.

| 12 Mbube Mbube | |
|---|---|
| Alter: 12-21 | Dauer: 10-20 min. |
| Spieler: 10-20 drinnen, draußen, Turnhalle | Ort: |

Material: 2 Augenbinden

Die Spielerinnen bilden für dieses traditionelle afrikanische Spiel einen großen Kreis. Zwei von ihnen gehen in die Mitte. Diesen beiden Spieleinnen werden die Augen verbunden, und sie werden einige Male um die eigene Achse gedreht. Die eine Spielerin muss nun versuchen, die andere zu fangen, während diese versucht, der Fängerin zu entkommen. Beide dürfen dabei den Kreis nicht verlassen. Während des Spiels rufen die Spielerinnen im Kreis „Mbube Mbube" (das bedeutet Löwe). Je weiter die Fängerin von der Gejagten entfernt ist, desto leiser. Je näher die Fängerin der Gejagten kommt, desto lauter. Auf diese Weise können Fängerin und Gejagte abschätzen, wie nah sie einander kommen.

| 13 Fuchsjagd | |
|---|---|
| Alter: 10-21 | Dauer: 15-20 min. |
| Spieler: 3-10 drinnen, draußen, Turnhalle | Ort: |

Material: 1 Tuch, Augenbinden

Eine Spielerin ist der „Fuchs". Sie befestigt ein Tuch locker am Gürtel der Hose. Die anderen Spielerinnen lassen sich die Augen verbinden und werden einige Male im Kreis gedreht. Sie begeben sich nun auf die Jagd nach dem Fuchsschwanz und versuchen, dem Fuchs das Tuch zu entreißen. Der darf allerdings ausweichen und sich frei im Raum bewegen. Wer das Tuch erwischt, tauscht mit dem Fuchs die Rollen.

Variante: Allen Spielerinnen werden die Augen verbunden, und alle erhalten einen „Fuchsschwanz". Die Spielerinnen müssen nun versuchen, die Tücher sich gegenseitig abzujagen. Dabei dürfen sie nur nach den Tüchern greifen, einander aber nicht festhalten. Wer ein Tuch erwischt hat, steckt es sich zusätzlich in den Gürtel.

| 14 Fliegen fangen | |
|---|---|
| Alter: 10-18 | Dauer: 20 min. |
| Spieler: 6-10 drinnen, Turnhalle | Ort: |

Material: 6-10 Augenbinden

Mit Bänken oder einem gespannten Seil wird ein Spielfeld eingegrenzt. Allen Spielern werden die Augen verbunden, und sie werden auf das Spielfeld geführt. Einer von ihnen ist der Fänger und versucht, eine der „Fliegen" zu erwischen. Wer gefangen wird, übernimmt dann selbst die Rolle des Fängers. Der ursprüngliche Fänger darf sich die Augenbinde abnehmen und das Spielfeld verlassen. Welche „Fliege" bleibt als letztes übrig?

Hinweis: Da bei diesem Spiel alle Spieler die Augen verbunden haben, brauchen wir einen sehenden Aufpasser. Er gibt außerdem bekannt, ob der Fänger jemanden erwischt hat oder ob sich zwei „Fliegen" gegenseitig gefangen haben.

| | |
|---|---|
| 15       Der Wachhund<br><br>Alter: 10-18      Dauer: 10-15 min.<br><br>Spieler: 3-20      Ort: drinnen oder draußen<br><br>Material: 1 Stuhl, 1 Ball, 1 Tuch, 1 Augenbinde<br><br>Die Spieler bilden einen Kreis. Der Spielleiter stellt in die Mitte einen Stuhl und platziert darunter einen Ball. Dann setzt sich ein Spieler als „Wachhund" auf den Stuhl. Er hat die Augen verbunden und bekommt ein Tuch in die Hand gedrückt. Nun schleichen sich die übrigen Spieler nacheinander leise an und versuchen, sich den Ball zu nehmen, ohne erwischt zu werden. Wer vom Wachhund mit dem Tuch getroffen wird, scheidet aus. | 16       Tischfangen<br><br>Alter: 10-18      Dauer: 10-20 min.<br><br>Spieler: mind. 2      Ort: drinnen<br><br>Material: 1 Tisch, 2 Augenbinden<br><br>Zwei Spielern werden die Augen verbunden. Der eine Spieler ist der Fänger und der andere versucht, ihm zu entkommen. Dabei müssen beide mit mindestens einer Hand den Tisch berühren.<br><br>Variante: Nur die Fängerin hat die Augen verbunden, während alle anderen Spieler sehen dürfen. |
| 17       Hänschen piep einmal<br><br>Alter: 8-16      Dauer: 20-30 min.<br><br>Spieler: 8-20      Ort: drinnen<br><br>Material: Stühle, 1 Augenbinde<br><br>Wir bilden einen Stuhlkreis. Eine Spielerin steht in der Mitte. Sie lässt sich die Augen verbinden und wird ein paar Mal um die eigene Achse gedreht. Sie tastet sich „blind" zu einem anderen Spieler vor und setzt sich auf dessen Schoß. Nach der Aufforderung „Hänschen piep einmal" gibt der Spieler mit verstellter Stimme einen Laut von sich. Kann die „blinde" Spielerin erraten, auf wessen Schoß sie sitzt? Gelingt es ihr, kommt der erkannte Spieler in die Mitte. Wenn sie falsch rät, bleiben ihre Augen verbunden und sie muss sich bei einem andere Spieler auf den Schoß setzen. | 18       Schatzsuche<br><br>Alter: 8-14      Dauer: 10 min.<br><br>Spieler: 2      Ort: drinnen und draußen<br><br>Material: 2 Augenbinden, 30 Kronkorken<br><br>Auf der Spielfläche werden 30 Kronkorken verteilt. Zwei Spielern werden die Augen verbunden, und sie werden einige Male im Kreis gedreht. Sie bewegen sich nun auf allen vieren über den Boden und sammeln so viele Kronkorken ein, wie sie finden können. Wer nach 10 Minuten die meisten gefunden hat, gewinnt.<br><br>Hinweis: Auf Kindergeburtstagen kann dieses Spiel mit Süßigkeiten gespielt werden. |

 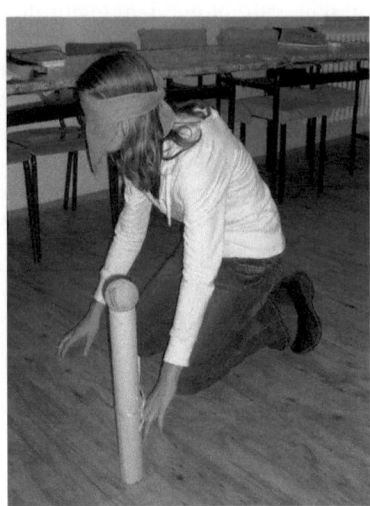

16      Tischfangen               04      Bälle suchen I

| 19 Den Ausgang finden | 20 Nach Farben sortieren |
|---|---|
| Alter: 10-21 — Dauer: 10-15 min. | Alter: 10-21 — Dauer: 10-20 min. |
| Spieler: 8-20 — Ort: Turnhalle | Spieler: 10-20 — Ort: draußen, Turnhalle |
| Material: Augenbinden | Material: Augenbinden in vier verschiedenen Farben |

**19 Den Ausgang finden**

Alter: 10-21          Dauer: 10-15 min.

Spieler: 8-20          Ort: Turnhalle

Material: Augenbinden

Wir brauchen eine gerade Anzahl von Mitspielern. Nachdem die Spieler Paare gebildet haben, verbindet der Spielleiter allen die Augen. Die Paare werden auseinander geführt und die Spieler verteilt im Raum aufgestellt. Dann werden sie zur Verwirrung noch ein paar Mal im Kreis gedreht. Die Spieler sollen sich nun wieder zu Paaren zusammenfinden. Wer seinen Partner gefunden hat, nimmt ihn an die Hand und sucht gemeinsam mit ihm den Ausgang. Sieger ist das Paar, das zuerst den Raum verlässt.

Variante: Die Spieler dürfen auf der Suche nach ihrem Partner nicht sprechen. Sie müssen die richtige Person durch Abtasten finden.

**20 Nach Farben sortieren**

Alter: 10-21          Dauer: 10-20 min.

Spieler: 10-20          Ort: draußen, Turnhalle

Material: Augenbinden in vier verschiedenen Farben

Die Spielerinnen werden in vier Gruppen eingeteilt. Die Spielerinnen einer Gruppe bekommen Augenbinden in derselben Farbe umgebunden. Anschließend bewegen sich die Spielerinnen „blind" über die Spielfläche. Eine von ihnen hat die Aufgabe, die Gruppen nach den Farben zu sortieren. Findet sie eine Spielerin, fragt sie diese nach der Farbe ihrer Augenbinde. Dann nimmt sie die betreffende Spielerin an die Hand und führt sie in eine Ecke der Halle, die einer der vier Farben zugeordnet ist. Zum Beispiel alle Spielerinnen mit roten Augenbinden in die Ecke rechts vorne, alle Spielerinnen mit schwarzen Augenbinden in die Ecke links hinten usw. Wenn die Spielfläche leer ist, dürfen sich alle Spielerinnen die Augenbinden abnehmen und überprüfen, ob alle in der richtigen Ecke stehen.

**21 Schubkarrenrennen**

Alter: 12-21          Dauer: 10-20 min.

Spieler: 2-20          Ort: draußen

Material: 1 Schubkarre, 10 Hütchen, 1 Augenbinde

10 Hütchen werden zu einem Slalomparcours aufgestellt. Am Start steht eine Schubkarre bereit, in die sich der eine Partner hineinsetzt. Der andere bekommt die Augen verbunden und muss nun die Schubkarre so schnell wie möglich um die Hütchen herum ins Ziel fahren. Sein sehender Partner darf ihm dabei durch Zurufe helfen.

**22 Blind zeichnen**

Alter: 10-21          Dauer: 10 min.

Spieler: 2          Ort: drinnen

Material: Papier, Stifte, 1 Augenbinde

Eine Spielerin setzt sich an den Tisch und erhält ein Blatt Papier und einen Stift. Ihr werden die Augen verbunden. Die sehende Partnerin stellt sich hinter die „Blinde" und führt ihre Hand beim Zeichnen. Kann die „Blinde" erraten, was sie gerade zeichnet?

Variante: Die Spielerinnen ertasten „blind" einen Gegenstand und sollen ihn dann so genau wie möglich zeichnen.

# Piñata

Bei Kindergeburtstagen und auf anderen Feiern dürfen in Spanien und Mittelamerika Piñatas nicht fehlen. Es handelt sich um bunt bemalte Figuren aus Pappmaché. Sie werden mit Süßigkeiten gefüllt und in ca. 2,5 Metern Höhe an einem Seil aufgehängt. Dann bekommt der erste Spieler die Augen verbunden, wird zur Piñata geführt und einige Male im Kreis gedreht. Er hat drei Versuche, die Piñata mit einem Stock zu treffen. (Sicherheitsabstand einhalten!) Wenn sie aufplatzt, dürfen alle Kinder die Süßigkeiten einsammeln. Wenn nicht, kommt der nächste Spieler an die Reihe. Die Piñata kann auch so angebracht werden, dass sie sich von einer anderen Person hoch- und herunterziehen lässt. Das macht es schwieriger, sie zu treffen.

| 23 Wattebällchen löffeln | |
|---|---|
| Alter: 8-18 | Dauer: 5-10 min. |
| Spieler: 2-10 | Ort: drinnen |

Material: 2 Schüsseln, 2 Löffel, 40 Wattebällchen, 2 Augenbinden

Zwei Spieler treten gegeneinander an. Ihnen werden die Augen verbunden. Vor ihnen liegen je 20 Wattebällchen, die sie mit einem Löffel in eine Schüssel befördern sollen. Die zweite Hand dürfen sie dabei nicht einsetzen. Wer hat nach fünf Minuten mehr Wattebällchen in seiner Schüssel?

Hinweis: Das Spiel sieht einfacher aus als es ist. Die Wattebällchen sind so leicht, dass die „blinden" Spieler nicht spüren, ob sie überhaupt eines auf dem Löffel haben.

| 24 Socken anziehen | |
|---|---|
| Alter: 8-21 | Dauer: 10-20 min. |
| Spieler: 2-20 | Ort: drinnen |

Material: 20 Paar Socken, 2 Augenbinden

Zwei Spielerinnen ziehen ihr Schuhe aus, verbinden sich die Augen und setzen sich auf den Boden. Vor ihnen liegen je 10 Paar Socken. Diese sollen sie sich so schnell wie möglich anziehen. Wer schafft es, alle Socken zuerst an die Füße zu bekommen?

Variante: Die Socken werden auf der Spielfläche verstreut, so dass die Spielerinnen sie zuerst suchen müssen.

| 25 Wörter erbeuten | |
|---|---|
| Alter: 12-21 | Dauer: 15-20 min. |
| Spieler: 2-3 | Ort: drinnen |

Material: 30 Scrabble-Steine, 1 Augenbinde

Auf einem Tisch in der Mitte der Spielfläche legen wir 30 Scrabble-Steine aus. Einer Spielerin verbinden wir die Augen und drehen sie einige Male im Kreis. Der anderen nennen wir ein Wort, das nicht weniger als vier und nicht mehr als acht Buchstaben hat. Sie soll nun die für dieses Wort nötigen Scrabble-Steine vom Tisch nehmen und an einem zuvor bestimmten Ort ablegen, ohne dabei von der „blinden" Spielerin erwischt zu werden. Dabei dürfen sich beide Spielerinnen frei auf der Spielfläche bewegen.

Hinweis: Es darf immer nur ein Stein gleichzeitig vom Tisch genommen werden. Es darf kein Stein mitgenommen werden, der nicht zum Legen des Wortes nötig ist.

Variante: Zwei Spielerinnen versuchen gleichzeitig, die Steine zu stehlen. Entweder sollen sie eigene Wörter um die Wette legen oder für das Legen eines Wortes zusammenarbeiten.

| 26 Wer hat den Hut auf? | |
|---|---|
| Alter: 10-21 | Dauer: 20 min. |
| Spieler: 8-20 | Ort: drinnen |

Material: 1 Hut, Augenbinden

Eine Spielerin wird ausgelost und bekommt einen Hut in die Hand gedrückt. Alle anderen Spielerinnen setzen sich in einen Stuhlkreis und lassen sich die Augen verbinden. Die Spielerin mit dem Hut geht außen um den Kreis herum. Zu einem beliebigen Zeitpunkt setzt sie einer der Spielerinnen den Hut auf. Dann geht sie weiter und legt ihre Hände auf die Schultern einer beliebigen anderen Spielerin. Diese wird nun gefragt: „Wer hat den Hut auf?" Wenn sie es errät, darf sie in der nächsten Rune den Hut verteilen.

Hinweis: Wer den Hut aufgesetzt bekommt, darf dies nicht zu erkennen geben. Die Spielerinnen sollten darauf hingewiesen werden, dass es nicht um zufälliges Raten geht. Wenn sie sich gut einprägen, wer im Kreis wo sitzt und genau auf die Schritte der Spielerin hören, haben sie bessere Chancen.

| 27 Stühle beschuhen | 28 Bierdeckellauf |
|---|---|
| **Alter:** 10-21  **Dauer:** 10-20 min. | **Alter:** 12-21  **Dauer:** 10-15 min. |
| **Spieler:** 4-10  **Ort:** drinnen | **Spieler:** 4-10  **Ort:** drinnen, draußen, Turnhalle |
| **Material:** 2 Stühle, mehrere Paar Schuhe, 2 Augenbinden | **Material:** Bierdeckel, mind. 2 Augenbinden |
| Für dieses Spiel ziehen alle Spieler ihre Schuhe aus und verteilen sie kreuz und quer im Raum. Zwei Spieler bekommen die Augen verbunden und werden einige Male im Kreis gedreht. Sie sollen nun die Schuhe suchen und die Beine eines Stuhls mit ihnen bestücken. Jeder Spieler darf immer nur einen Schuh gleichzeitig zu seinem Stuhl bringen. Wer schafft es, die vier Beine seines Stuhls als erster mit Schuhen auszustatten?  Variante: Für ältere Kinder und Jugendliche kann man das Spiel noch etwas schwieriger gestalten. Es müssen die beiden gegenüberliegenden Beine jeweils mit den Schuhen desselben Paares ausgestattet werden. | Wir markieren auf dem Boden einen Startpunkt und einen einige Meter entfernt liegenden Zielpunkt. Es werden Paare gebildet. Jeweils eine Partnerin hat die Augen verbunden und bekommt einen Stapel Bierdeckel in die Hand. Sie soll nun vom Start zum Ziel gelangen, indem sie die Bierdeckel nacheinander auslegt und darauf tritt. Sie darf mit keinem Fuß den Boden berühren. Die sehende Partnerin darf der „Blinden" Anweisungen geben. Welches Paar gelangt als erstes ins Ziel? Aber Vorsicht: Wem die Bierdeckel ausgehen oder wer daneben tritt, muss zurück an den Start. |
| 29 Gegenverkehr | 30 Wer fehlt? |
| **Alter:** 10-21  **Dauer:** 10-20 min. | **Alter:** 8-16  **Dauer:** 10-15 min. |
| **Spieler:** 2-20  **Ort:** drinnen, Turnhalle | **Spieler:** 8-20  **Ort:** drinnen |
| **Material:** 1 Bank, 2 Augenbinden | **Material:** 1 Augenbinde |
| An den Enden einer Bank stehen sich zwei Spieler gegenüber. Sie verbinden sich die Augen und balancieren über die Bank bis sie sich in der Mitte begegnen. Nun müssen sie versuchen, aneinander vorbei zu kommen, ohne die Bank zu verlassen und den Boden zu berühren. Erst mit offenen Augen versuchen. Ein sehender Helfer sollte bereitstehen. | Alle Spieler setzen sich in einen Stuhlkreis. Ein Spieler steht mit verbundenen Augen in der Mitte. Auf das Zeichen des Spielleiters tauschen die sehenden Spieler die Plätze. Einer von ihnen setzt sich aber nicht wieder hin, sondern verlässt den Raum. Dann dreht der Spielleiter den „blinden" Spieler noch ein paar Mal um die eigene Achse und nimmt ihm die Augenbinde ab. Findet der Spieler heraus, wer fehlt? |

# Ballonstechen

Ballonstechen ist ein spannendes Wettspiel für Partys und Gruppenstunden. Hängen Sie an einem Baum etwa in Kopfhöhe 15 aufgeblasene Ballons auf. Die Spieler/innen bilden zwei Teams. Sie versammeln sich an der Startlinie, die etwa 10 Meter von den Ballons entfernt ist. Abwechselnd bekommt immer eine Spieler/in pro Team die Augen verbunden und wird einige Male im Kreis gedreht. Sie erhält ein spitzes Stöckchen oder eine Nadel und darf nun „blind" auf die Ballons zugehen, wobei sie von ihren Teamkamerad/innen durch Zurufe geführt wird. Die „blinde" Spieler/in versucht, mit dem Stöckchen einen Ballon zum Platzen zu bringen. Dabei darf sie nicht nach den Ballons tasten oder sie festhalten. Alle Spieler/innen haben drei Versuche. Das Team, das die meisten Ballons zerstört hat, gewinnt. Mit dem Ballonstechen können Sie auf Kindergeburtstagen auch Preise verlosen. Füllen Sie dafür einen der Ballons mit Konfetti. Die Spieler/innen stehen mit verbundenen Augen am Start. Sie dürfen sich nacheinander „blind" den Ballons nähern und versuchen, einen mit dem Stöckchen zu Platzen zu bringen. Wer den Ballon mit dem Konfetti trifft, gewinnt einen Preis. Das Geburtstagskind hat den ersten Versuch.

| | |
|---|---|
| **31 Plätze tauschen**<br><br>Alter: 10-18       Dauer: 20 min.<br><br>Spieler: 8-20       Ort: drinnen<br><br>Material: 1 Augenbinde<br><br>Wir bilden einen Stuhlkreis. Eine Spielerin kommt in die Mitte, lässt sich die Augen verbinden und wird einige Male um die eigene Achse gedreht. Die übrigen Spieler werden abgezählt und merken sich ihre Nummer. Die „blinde" Spielerin nennt zwei Nummern und die betreffenden Personen müssen die Plätze tauschen. Dabei dürfen sie sich nur durch den Kreis bewegen. Die „Blinde" versucht, einen von ihnen zu fangen. Wenn sie jemanden erwischt, tauscht sie mit ihm die Rollen. Wenn nicht, bleiben ihre Augen verbunden und das Spiel geht weiter. | **32 Der leere Platz**<br><br>Alter: 12-21       Dauer: 10-20 min.<br><br>Spieler: 10-30       Ort: drinnen<br><br>Material: 1 Augenbinde<br><br>Es wird ein Stuhlkreis gebildet. Eine Spielerin geht in die Mitte und lässt sich vom Spielleiter die Augenbinde anlegen. Sie soll nun den freien Stuhl im Kreis finden und sich darauf setzen. Das ist jedoch nicht so einfach, weil die Spielerinnen im oder gegen den Uhrzeigersinn beliebig weiterrücken können. So wandert der leere Platz im Kreis umher. Schafft es die „blinde" Spielerin dennoch, sich auf den leeren Stuhl zu setzen? |
| **33 Flohhüpfen**<br><br>Alter: 8-16       Dauer: 20 min.<br><br>Spieler: 8-20       Ort: drinnen,<br>draußen, Turnhalle<br><br>Material: 1 Augenbinde<br><br>Alle Spieler sind Flöhe. Sie hocken sich irgendwo auf der Spielfläche hin. Der Fänger hat die Augen verbunden und bewegt sich mit ausgestreckten Händen tastend durch den Raum. Er versucht, möglichst viele Flöhe zu erwischen. Wenn der Fänger näher kommt, dürfen sich die Flöhe durch einen Sprung zur Seite retten. Wer gefangen wird, scheidet hingegen aus.<br><br>Hinweis: Darauf achten, dass die Flöhe leise sind und sich erst bewegen, wenn der Fänger in ihrer Nähe ist. | **34 Frösche fangen**<br><br>Alter: 10-18       Dauer: 20 min.<br><br>Spieler: 3-20       Ort: drinnen,<br>draußen, Turnhalle<br><br>Material: Tücher, 1 Augenbinde<br><br>Eine Spielerin lässt sich die Augen verbinden und einige Male im Kreis drehen. Jede andere Spielerin bindet sich mit einem Tuch die Beine zusammen. Die Blinde Kuh macht sich mit ausgestreckten Händen auf die Suche und versucht, die Spielerinnen zu fangen. Diese hüpfen über die Spielfläche und versuchen, auszuweichen. Wer erwischt wird, tauscht mit der Blinden Kuh die Rollen. |

08      Blindekuh II

31      Plätze tauschen

| 35 | In den Kreis gehen | | 36 | Suchen und jagen | |
|---|---|---|---|---|---|
| Alter: 8-16 | | Dauer: 15-20 min. | Alter: 10-18 | | Dauer: 10-20 min. |
| Spieler: 2-20 | | Ort: draußen | Spieler: 8-20 Turnhalle | | Ort: drinnen, |

**35  In den Kreis gehen**

Alter: 8-16 Dauer: 15-20 min.

Spieler: 2-20 Ort: draußen

Material: Kreide, Augenbinden

Etwa in der Mitte der Spielfläche wird ein Kreis mit ca. einem Meter Durchmesser auf den Boden gezeichnet. 20 Meter entfernt davon stellen sich die Spieler auf. Alle bekommen die Augen verbunden. Nacheinander sollen sie auf den Kreis zugehen. Sie bleiben stehen, wenn sie meinen, im Kreis angekommen zu sein. Am Ende der Runde werden die Augenbinden abgenommen, so dass die Spieler sehen können, wer wo steht. Der Spieler, der dem Kreis am nächsten steht, bekommt einen Punkt. Wer im Kreis steht erhält zwei Punkte.

**36  Suchen und jagen**

Alter: 10-18 Dauer: 10-20 min.

Spieler: 8-20 Ort: drinnen, Turnhalle

Material: 1 Tuch, 2 Augenbinden

Die Spieler bilden einen Kreis. Zwei Spielerinnen kommen in die Mitte und lassen sich vom Spielleiter die Augen verbinden. Dann platziert der Spielleiter innerhalb des Kreises auf dem Boden ein Tuch. Nachdem die Spielerinnen ein paar Mal um die eigene Achse gedreht wurden, dürfen sie sich auf die Suche nach dem Tuch machen. Wer es gefunden hat, wird zum Jäger und darf versuchen, die andere Spielerin mit dem Tuch abzuschlagen.

**37  Geiseln befreien**

Alter: 12-18 Dauer: 15-30 min.

Spieler: 10-20 Ort: Turnhalle

Material: 2 Matten, Augenbinden

An gegenüberliegenden Enden der Halle werden zwei große Matten hingelegt. Auf der einen Matte steht der „Befreier", der als einziger keine Augenbinde umgebunden hat. In der Mitte der Halle stellt sich der „Kidnapper" auf. Alle anderen Spieler befinden sich als „Geiseln" auf der zweiten Matte. „Kidnapper" und „Geiseln" haben die Augen verbunden. Der Befreier versucht nun, quer durch die Halle zur anderen Matte zu gelangen. Dort nimmt er eine der Geiseln an die Hand und führt sie zu seiner Matte. Alle Geiseln, die die Matte des Befreiers erreicht haben, sind in Sicherheit. Der Kidnapper versucht, dies zu verhindern. Berührt er die befreite Geisel auf dem Weg, darf er sie zu seiner Matte zurückbringen. Berührt er zusätzlich den Befreier, muss dieser ohne Geisel zurück zu seiner eigenen Matte und von dort aus einen neuen Anlauf starten.

Hinweis: Der Kidnapper darf während seiner Suche nach dem Befreier weder die eigene noch die gegnerische Matte betreten.

**38  Geisterstunde**

Alter: 10-18 Dauer: 10-20 min.

Spieler: 8-30 Ort: Turnhalle

Material: 4-15 Augenbinden

Es werden zwei gleichgroße Gruppen gebildet. Eine Gruppe sind die „Geister". Sie haben die Augen verbunden und bewegen sich „blind" durch die Halle. Alle anderen stellen sich an einer Wand auf und müssen versuchen, die andere Wand zu erreichen, ohne von einem Geist erwischt zu werden. Wer gefangen wird, bekommt die Augen verbunden und wird selbst zum Geist. Wer die Wand erreicht hat, muss sich auf den Rückweg machen.

Hinweis: Die Spieler sollten sich langsam und leise durch die Halle bewegen. Die Geister müssen ihre Hände ausstrecken, um Zusammenstößen vorzubeugen.

| 39 Ball durch den Kreis | |
| --- | --- |
| Alter: 10-16 | Dauer: 10-20 min. |
| Spieler: 8-20 | Ort: drinnen, |
| draußen, Turnhalle | |
| Material: 1 Ball, 1 Augenbinde | |

Die Spieler bilden einen Kreis. Sie nehmen einen Spieler in die Mitte, der die Augen verbunden hat. Nun werfen sich die Spieler durch den Kreis einen Ball zu. Der „blinde" Spieler kann versuchen, den Ball abzufangen. Er kann aber auch zu einem beliebigen Zeitpunkt „Stopp" rufen und auf den Spieler zeigen, von dem er glaubt, dass er gerade den Ball hat. Liegt er richtig, tauscht er mit diesem Spieler die Rollen. Liegt er falsch, geht das Spiel weiter.

Hinweis: Der Ball darf nicht einfach zum Nebenmann geworfen werden. Wer den Ball nicht fängt muss in die Mitte. Dasselbe gilt für den Spieler, dessen Wurf vom „Blinden" abgefangen wird.

| 40 Reise nach Jerusalem | |
| --- | --- |
| Alter: 10-21 | Dauer: 10-20 min. |
| Spieler: 6-10 | Ort: drinnen oder |
| draußen | |
| Material: Stühle, 6-10 Augenbinden | |

Auf der Spielfläche werden verstreut Stühle aufgestellt und zwar ein Stuhl weniger als die Anzahl der Spielerinnen. Der Spielleiter verbindet allen Spielerinnen die Augen und dreht sie ein paar Mal im Kreis. Während die Musik läuft, tanzen die Spielerinnen oder bewegen sich anderweitig über die Spielfläche. Wenn die Musik aussetzt, muss sich jede möglichst schnell einen Stuhl suchen und sich darauf setzen. Wer keinen mehr findet, scheidet aus. Dann wird ein weiterer Stuhl entfernt und das Spiel geht weiter.

Variante: Die Stühle werden Lehne an Lehne in einer Reihe aufgestellt.

| 41 Abwerfen | |
| --- | --- |
| Alter: 12-21 | Dauer: 20-30 min. |
| Spieler: 8-20 | Ort: Turnhalle |
| Material: 20 Softbälle, 2 Augenbinden | |

In gegenüberliegenden Ecken des Spielfeldes stellen sich zwei Spielerinnen mit verbundenen Augen auf. Jeder stehen 10 Softbälle zur Verfügung. Die übrigen Spieler bewegen sich frei über die Spielfläche. Wenn eine der „blinden" Spielerinnen „Stopp" ruft, müssen alle stehenbleiben. Nun versuchen die beiden „blinden" Spielerinnen, jemanden mit einem Softball abzuwerfen. Wer getroffen wird, muss das Spielfeld verlassen. Wem gelingt es, die meisten Spielerinnen abzuwerfen? Und wer bleibt als letztes auf der Spielfläche übrig?

Hinweis: Wer einen Schritt macht, um einem geworfenen Ball auszuweichen, scheidet aus. Ducken ist hingegen erlaubt.

| 42 Blind tanzen | |
| --- | --- |
| Alter: 14-21 | Dauer: 10-20 min. |
| Spieler: 4-16 | Ort: drinnen |
| Material: 2-8 Augenbinden | |

Bei diesem Partyspiel braucht man eine gleichgroße Anzahl von Jungen und Mädchen. Allen Mädchen werden die Augen mit einem Tuch verbunden. Die Jungen suchen sich eine Tanzpartnerin aus und tanzen fünf Minuten lang mit ihr. Während des Tanzes darf nicht gesprochen werden. Können die Mädchen danach erraten, mit wem sie getanzt haben?

| 43 Affenfrühstück | 44 Juwelenraub |
|---|---|
| Alter: 10-21 | Dauer: 10-15 min. | Alter: 10-18 | Dauer: 15-20 min. |

**43 Affenfrühstück**

Alter: 10-21      Dauer: 10-15 min.

Spieler: 4-20      Ort: drinnen oder draußen

Material: Bananen, Augenbinden

Je zwei Spieler sitzen einander mit verbundenen Augen gegenüber. Jeder bekommt eine Banane in die Hand. Nun müssen sich die Partner gegenseitig mit den Bananen füttern. Das Paar, das als erstes beide Bananen aufgegessen hat, gewinnt.

Hinweis: Beim Füttern nur eine Hand benutzen. Die andere darf nicht zum Tasten verwendet werden.

**44 Juwelenraub**

Alter: 10-18      Dauer: 15-20 min.

Spieler: 4-20      Ort: drinnen, draußen, Turnhalle

Material: 30 Murmeln, 1 Augenbinde

In der Mitte des Spielfelds wird ein Kreis aufgezeichnet. Eine Spielerin hockt sich hinein und lässt sich die Augen verbinden. Im Kreis werden 30 Murmeln platziert. Die anderen Spielerinnen schleichen sich aus einiger Entfernung an und versuchen, sich die Murmeln aus dem Kreis zu nehmen. Wer von der „blinden" Spielerin berührt wird, muss alle Murmeln zurück in den Kreis legen und zurück an den Start gehen. Dabei darf die „blinde" Spielerin allerdings den Kreis nicht verlassen. Das Spiel ist vorbei, wenn sich im Kreis keine Murmeln mehr befinden. Wer jetzt die meisten Murmeln hat, ist Sieger.

**45 Fee und Zauberer**

Alter: 10-18      Dauer: 10-20 min.

Spieler: 8-20      Ort: drinnen, draußen, Turnhalle

Material: 2 Augenbinden

Fee und Zauberer gehen mit verbundenen Augen über das Spielfeld. Wer vom Zauberer berührt wird, muss stehenbleiben. Berührt die Fee einen stehengebliebenen Spieler, darf dieser weitergehen. Die Spieler dürfen die Fee mit Zurufen anlocken.

Hinweis: Ob die Fee oder der Zauberer gewonnen hat, wird nach Ablauf eines Zeitlimits durch Auszählen der gehenden und der stehenden Spieler ermittelt.

**46 Hunde und Katzen**

Alter: 8-18      Dauer: 10-15 min.

Spieler: 5-20      Ort: drinnen, draußen, Turnhalle

Material: 5-20 Augenbinden

Ein Spieler ist die Katze, die anderen sind Hunde. Der Spielleiter verbindet allen die Augen und gibt das Startsignal. Nun bewegen sich die Spieler „blind" über die Spielfläche. Treffen zwei Spieler zusammen fragt der eine: „Bist du die Katze?" Wenn der Gefragte ein Hund ist antwortet er mit einem Bellen. Nur die Katze antwortet mit „Miau". Wenn ein Hund die Katze gefunden hat, tauschen beide die Rollen und das Spiel geht weiter.

27      Stühle beschuhen

| 47 | Blindekuh im Kreis | | 48 | Eierlaufen | |
|---|---|---|---|---|---|

**47 Blindekuh im Kreis**

Alter: 8-21      Dauer: 10-20 min.

Spieler: 3-5      Ort: drinnen, Turnhalle

Material: 1 Seil, 1 Augenbinde

Mit einem Seil wird ein Kreis von ca. zwei Metern Durchmesser ausgelegt. Eine Spielerin stellt sich in die Mitte des Kreises und lässt sich die Augen verbinden. Die anderen Spielerinnen stellen sich mit den Füßen auf das Seil. Die Blinde Kuh versucht, eine der Spielerinnen zu fangen, wobei sie den Kreis nicht verlassen darf. Die sehenden Spielerinnen müssen wiederum immer mit mindestens einem Fuß das Seil berühren. Wer gefangen wird oder das Seil verlässt, tauscht mit der Blinden Kuh die Rollen.

**48 Eierlaufen**

Alter: 8-16      Dauer: 10 min

Spieler: 2-10      Ort: draußen

Material: Löffel, Eier, Augenbinden

Es werden eine Start- und eine Ziellinie markiert. Die Spieler stellen sich am Start auf und lassen sich die Augen verbinden. Jeder Spieler bekommt einen Löffel in die Hand, auf dem ein Ei platziert wird. Nach dem Startsignal sollen die Spieler möglichst schnell mit dem unbeschädigten Ei ins Ziel gelangen. Fällt das Ei herunter oder wird es angefasst, muss der betreffende Spieler zurück an den Start.

Hinweis: Möchte man das Spiel drinnen spielen, ersetzt man das Ei durch einen Tischtennisball.

**49 Katze und Maus**

Alter: 10-21      Dauer: 10-20 min.

Spieler: 10-20      Ort: drinnen, draußen, Turnhalle

Material: 1 Augenbinde

Wir bilden einen Kreis. Zwei Spielerinnen kommen in die Mitte – die eine ist die Katze, die andere die Maus. Der Katze verbinden wir die Augen und drehen sie ein paar Mal um die eigene Achse. Sie muss nun versuchen, die Maus zu fangen. Die Maus kann eine der Spielerinnen im Kreis bitten, sie entkommen zu lassen. Macht die Spielerin die Beine breit, schlüpft die Maus hindurch aus dem Kreis heraus. Sie muss dann aber durch die Beine einer anderen Spielerin wieder in den Kreis hinein. Wenn die Spielerin die Maus nicht entkommen lässt, muss sie es an einer anderen Stelle des Kreises versuchen.

Variante: 1. Auch die Katze darf den Kreis durch die Beine einer Spielerin verlassen. 2. Auch der Maus werden die Augen verbunden.

**50 Stop and go**

Alter: 12-21      Dauer: 10 min.

Spieler: 3      Ort: drinnen, draußen, Turnhalle

Material: 1 Stoppuhr, 2 Augenbinden

Wir benötigen eine möglichst große Spielfläche. Zwei Spielern werden die Augen verbunden. Sie werden auseinander geführt und einige Male im Kreis gedreht. Einer der beiden wird zum Fänger erklärt. Er muss versuchen, den anderen Spieler zu erwischen, während dieser zu entkommen versucht. Beide Spieler dürfen während des Spiels je drei Mal „Stopp" rufen. Dann muss der Gegner für 30 Sekunden stehenbleiben und nur der Fänger bzw. der Gesuchte darf sich bewegen. Der Spielleiter stoppt die Zeit. Ist die Zeit abgelaufen, dürfen sich beide wieder bewegen.

# Pfänderspiel

Jeder bringt für dieses Spiel zwei oder drei persönliche Gegenstände mit. Zum Beispiel ein Kleidungsstück oder ein Spielzeug. Verstecken Sie diese Gegenstände im Raum, während die Kinder vor der Tür warten. Verbinden Sie dann den Kindern die Augen, und führen Sie sie in den Raum. Dort haben die Spieler nun fünf Minuten Zeit, auf allen Vieren vorsichtig nach den Gegenständen zu suchen und so viele wie möglich einzusammeln. Das alles muss natürlich „blind" passieren. Nicht schummeln! Nach Ablauf der Zeit, bekommt jeder für einen wiedergefundenen eigenen Gegenstand einen Punkt. Außerdem gibt es Punkte für alle Dinge, die durch Abtasten erkannt und dem Eigentümer korrekt zugeordnet werden.

| 51 | Fang die Maus |
|---|---|

Alter: 10-21                    Dauer: 10-15 min.

Spieler: 10-20                  Ort: drinnen, draußen, Turnhalle

Material: 1 Augenbinde

Die Spielerinnen bilden einen großen Kreis. Eine Spielerin stellt sich in die Mitte und lässt sich die Augen verbinden. Dann tritt eine Spielerin aus dem Kreis hinter die „Blinde" und tippt ihr auf den Rücken. Daraufhin nennt die „Blinde" den Namen einer beliebigen Spielerin. Diese muss nun einen Piepton von sich geben. Merkt die „blinde" Spielerin, dass der Ton von der Person kommt, die sie angetippt hat, muss sie versuchen, die Person innerhalb einer Minute zu fangen. Dabei dürfen beide den Kreis nicht verlassen. Kommt der Piepton hingegen aus dem Kreis, muss es die „Blinde" mit einem anderen Namen versuchen.

Hinweis: Die Spielerinnen auffordern, leise zu sein, um ihren Standort nicht an der Stimme zu verraten.

| 52 | Wie viele Schritte darf ich gehen? |
|---|---|

Alter: 8-18                     Dauer: 10-20 min.

Spieler: 5-20                   Ort: draußen, Turnhalle

Material: 1 Augenbinde

Wir verbinden einer Spielerin die Augen und drehen sie einige Male im Kreis. Die übrigen Spielerinnen verteilen sich auf der Spielfläche. Die Blinde Kuh macht sich auf die Suche, wobei ihr die Spielerinnen reihum vorgeben, wie viele Schritte sie gehen muss. Über die Richtung darf die Blinde Kuh hingegen frei entscheiden. Trifft sie auf eine der Spielerinnen, tauscht sie mit ihr die Rollen.

Variante: 1. Die Blinde Kuh darf erst eine Spielerin mit der Hand abschlagen, wenn sie alle Schritte gemacht hat. Trifft sie zuvor auf jemanden, muss sie weitergehen. 2. Der Blinden Kuh wird auch die Richtung vorgeschrieben, in die sie gehen darf. 3. Nicht nur die Blinde Kuh, sondern alle Spielerinnen müssen die vorgegebene Anzahl an Schritten machen.

| 53 | Klammern anstecken |
|---|---|

Alter: 12-21                    Dauer: 10-15 min.

Spieler: 6-20                   Ort: drinnen, Turnhalle

Material: Wäscheklammern, Augenbinden

Die Spieler bilden zwei gleichgroße Gruppen. Die Spieler einer Gruppe bekommen die Augen verbunden. Die Spieler der anderen Gruppe erhalten jeder fünf Wäscheklammern in die Hand gedrückt. Dann bewegen sich alle Spieler frei über die Spielfläche. Die Aufgabe der sehenden Spieler ist es, ihre Klammern den „blinden" Spielern an die Kleidung zu heften. Die „Blinden" können dies verhindern, indem sie einen Moment lang stehenbleiben und sich ducken. Währenddessen darf ihnen keine Klammer angesteckt werden. Es gewinnt der Spieler, der es zuerst schafft, alle Klammern loszuwerden.

Hinweis: Der Spielleiter sollte die Gruppe genau beobachten und dafür sorgen, dass die sehenden Spieler ihre Wäscheklammern regelgerecht anbringen und sich die „blinden" Spieler nicht zu lange ducken.

| 54 | Ich suche… |
|---|---|

Alter: 8-21                     Dauer: 10-20 min.

Spieler: 5-10                   Ort: draußen, Turnhalle

Material: 1 Augenbinde

Für dieses Spiel brauchen wir eine große und freie Spielfläche. Eine Spielerin lässt sich die Augen verbinden und einige Male im Kreis drehen. Die übrigen Spielerinnen verteilen sich willkürlich auf der Spielfläche. Nun macht sich die „Blinde" auf die Suche nach einer bestimmten Person, die sie sich aussuchen darf (z.B. Marlene). Berührt die „blinde" Spielerin jemanden, fragt sie die Person: „Bist du Marlene?" Ist die Gefundene nicht Marlene, dreht sie die „Blinde" in die Richtung von Marlene und sagt: „Marlene ist dort!". Dann muss die „Blinde" weitergehen. Ist die „blinde" Spielerin schließlich bei Marlene angekommen, darf sie sich die Augenbinde abnehmen.

| 55 Dreh dich! | |
|---|---|
| Alter: 10-18 | Dauer: 10-20 min. |
| Spieler: 5-20 Turnhalle | Ort: draußen, |

Material: 1 Augenbinde

Wir brauchen eine große und freie Spielfläche. Die Blinde Kuh bekommt die Augen verbunden. Die anderen Spieler verteilen sich auf der Spielfläche. Wenn die Blinde Kuh anfängt zu suchen, dürfen sie sich nicht mehr bewegen. Allerdings darf jeder Spieler die Blinde Kuh einmal auffordern, sich ein- bis 10 Mal um die eigene Achse zu drehen. Schafft es die Blinde Kuh trotzdem, jemanden zu finden?

| 56 Waschtag | |
|---|---|
| Alter: 8-18 | Dauer: 10-15 min. |
| Spieler: 2-10 | Ort: draußen |

Material: 2 Wäscheleinen, 2 Schüsseln, Tücher, Klammern, 2 Augenbinden

Es werden zwei gleichlange Wäscheleinen etwa in Schulterhöhe aufgespannt. Zwei Spielerinnen bekommen die Augen verbunden. Jede erhält eine Schüssel mit Tüchern und Klammern. Beide Spielerinnen versuchen, so viele Tücher so schnell wie möglich auf ihrer Leine aufzuhängen.

Hinweis: Es werden nur Tücher gezählt, die mit zwei Klammern auf der Leine befestigt wurden.

| 57 Im Schutzkreis | |
|---|---|
| Alter: 10-18 | Dauer: 10-20 min. |
| Spieler: 10-15 | Ort: draußen |

Material: Kreide, 1 Augenbinde,

Die Spieler verteilen sich auf der Spielfläche. Jeder zieht um sich selbst einen Kreis von ca. 1,5 Metern Durchmesser. Ein Spieler bekommt die Augen verbunden und wird einige Male um die eigene Achse gedreht. Er hat nun 10 Minuten Zeit, um alle anderen Spieler zu finden und abzuschlagen. Die Spieler dürfen ihm ausweichen, müssen aber innerhalb ihres Kreises bleiben. Wer abgeschlagen wurde oder aus seinem Kreis herausgetreten ist, muss das Spielfeld verlassen.

| 58 Schritte ins Ungewisse | |
|---|---|
| Alter: 8-16 | Dauer: 10 min. |
| Spieler: 4-10 | Ort: draußen |

Material: Kreide, Augenbinden

Alle Teilnehmerinnen stellen sich am Start in einer Reihe auf und bekommen die Augen verbunden. Der Spielleiter zeichnet im Abstand von fünf bis 10 Metern mit Kreide eine Ziellinie auf den Boden. Nacheinander gehen die Spielerinnen vom Start aus 15 Schritte geradeaus. Die Größe der Schritte bleibt den Spielerinnen überlassen. Wenn alle an der Reihe gewesen sind, dürfen die Augenbinden abgenommen werden. Wer die Ziellinie übertreten hat, scheidet aus.

| 59 Lasso werfen | |
|---|---|
| Alter: 10-16 | Dauer: 10 min. |
| Spieler: 4-10 Turnhalle | Ort: draußen, |

Material: 1 Augenbinde, 1 Seil

Einem Spieler werden die Augen verbunden. Er erhält ein Seil mit einer Schlinge, das als Lasso verwendet werden kann. Es wird eine Spielfläche markiert, deren Länge und Breite der maximalen Länge des Lassos entspricht. Die übrigen Spieler verteilen sich auf dieser Spielfläche. Dann klatscht jeder drei Mal in der Hände. Daran kann sich der „blinde" Spieler orientieren. Er darf drei Mal das Lasso werfen und versuchen, einen der Spieler damit einzufangen. Diese dürfen sich währenddessen nicht bewegen. Wer gefangen wird, tauscht mit dem Lassowerfer die Rollen.

| 60 Suchen auf Zeit | |
|---|---|
| Alter: 10-16 | Dauer: 15 min. |
| Spieler: 5-15 Turnhalle | Ort: draußen, |

Material: 1 Augenbinde, 1 Stoppuhr

Der Spielleiter verbindet einem Spieler die Augen und dreht ihn ein paar Mal im Kreis. Die anderen Spieler bewegen sich frei über die Spielfläche bis der Spielleiter in die Hände klatscht. Dann müssen alle für eine Minute stehenbleiben. Während dieser Zeit darf sich der „blinde" Spieler auf die Suche machen. Alle Spieler, die er berührt, scheiden aus dem Spiel aus. Nach Ablauf der Minute klatscht der Spielleiter erneut in die Hände. Nun muss der „blinde" Spieler stehenbleiben und alle anderen dürfen sich bewegen. Das Spiel geht so lange weiter bis der letzte Spieler gefangen ist.

| | |
|---|---|
| **61 Murmeln einsammeln**<br><br>Alter: 10-16     Dauer: 10-15 min.<br><br>Spieler: 2     Ort: drinnen<br><br>Material: 2 Augenbinden, 30 Murmeln, 2 Körbe<br><br>Zwei Spielerinnen lassen sich die Augen verbinden. Sie ziehen sich Schuhe und Strümpfe aus und setzen sich auf den Boden. Im näheren Umkreis werden ca. 30 Murmeln ausgestreut. Diese sollen die Spielerinnen mit den Zehen greifen und in ihrem Korb ablegen. Wer schafft es, die meisten Murmeln einzusammeln?<br><br>Hinweis: Die Hände dürfen nicht zur Hilfe genommen werden! | **62 Wühltisch**<br><br>Alter: 10-18     Dauer: 10-15 min.<br><br>Spieler: 2-8     Ort: drinnen<br><br>Material: Augenbinden, verschiedene Kleidungsstücke, 1 Stoppuhr<br><br>Auf einem Tisch in der Mitte des Raumes legt der Spielleiter etwa 30 verschiedene Kleidungsstücke aus: Hüte, Blusen, Röcke, Hosen, Hemden, Handschuhe – alles, was der Kleiderschrank hergibt. Dann verbindet er den Spielerinnen die Augen. Sie sollen sich nun innerhalb von drei Minuten so viele Kleidungsstücke anziehen wie sie können. |
| **63 Der vergiftete Stuhl**<br><br>Alter: 10-18     Dauer: 10-15 min.<br><br>Spieler: 5-15     Ort: drinnen, Turnhalle<br><br>Material: Stühle, 1 Klebezettel, Augenbinden<br><br>Der Spielleiter verbindet allen Spielern die Augen. Dann stellt er auf der Spielfläche kreuz und quer Stühle auf, so dass für jeden Spieler einer zur Verfügung steht. Einer der Stühle wird markiert, z.B. mit einem Klebezettel. Nun darf sich jeder Spieler einen Stuhl suchen und darauf Platz nehmen. Wenn jeder sitzt, teilt der Spielleiter mit, wer auf dem markierten Platz sitzt. Dieser Spieler scheidet aus. Dann wird das Spiel mit einem Stuhl weniger fortgesetzt.<br><br>Hinweis: Die Spieler dürfen nicht nach der Markierung suchen oder wieder aufstehen, wenn sie sich einmal hingesetzt haben. | **64 Halbblindes Paarfangen**<br><br>Alter: 12-18     Dauer: 10-15 min.<br><br>Spieler: 8-20     Ort: draußen, Turnhalle<br><br>Material: Augenbinden<br><br>Es werden Paare gebildet. Jeweils eine Partnerin muss sich die Augen verbinden. Die Partnerinnen nehmen sich an die Hand und laufen über das Spielfeld, wobei die „Sehende" die „Blinde" führt. Eines der Paare wird vom Spielleiter zum Fängerpaar bestimmt. Das Fängerpaar muss versuchen, eines der anderen Paare zu fangen. Dafür genügt es, eine der beiden Partnerinnen zu berühren. Das erwischte Paar wird dann zum Fängerpaar.<br><br>Hinweis: Vor dem Spiel sollte man mit den Spielerinnen das „blind führen" üben. (siehe 95)<br><br>Variante: Dreiergruppen mit zwei „Blinden" bilden. |

34     Frösche fangen

| 65 | Säureteich | |
|---|---|---|
| Alter: 12-20 | | Dauer: 10-20 min. |
| Spieler: 10-20 | | Ort: Turnhalle |

Material: Augenbinden, Matten, Bänke

Eine Fläche auf dem Spielfeld wird mit Matten ausgelegt. Dies ist der „Säureteich", der nicht betreten werden darf. Über ihn führt eine Brücke, die aus aneinandergestellten Bänken gebildet wird. Die Spieler teilen sich in zwei gleichgroße Teams auf, die sich an den gegenüberliegenden Seiten der Brücke gegenüberstehen. Nun werden allen Spielern die Augen verbunden. Ihre Aufgabe ist es, die Brücke zu überqueren und auf die andere Seite zu gelangen, ohne den „Säureteich" zu berühren. Wer auf die Matte tritt, scheidet aus. Schwierig wird es, wenn die Spieler der beiden Teams in der Mitte der Brücke aufeinander treffen und aneinander vorbei müssen. Welches Team hat am Ende die meisten Spieler auf der anderen Seite?

Hinweis: Drängeln und Schubsen sind verboten!

| 66 | Menschliche Schubkarren | |
|---|---|---|
| Alter: 10-18 | | Dauer: 10-20 min. |
| Spieler: 4-10 | | Ort: draußen, Turnhalle |

Material: Augenbinden

Wir markieren eine Startlinie und in 20-30 Metern Entfernung eine Ziellinie. Die Spieler bilden Paare und stellen sich am Start auf. Ein Partner hockt sich auf allen Vieren hin. Der andere verbindet sich die Augen und nimmt die Beine seines Partners in die Hand, so dass dieser sich nur noch auf seine Hände stützen kann. Nach dem Startsignal versuchen die Partner, so schnell wie möglich das Ziel zu erreichen.

Variante: Nach etwas Übung kann man Hütchen als Hindernisse aufstellen, die von den „menschlichen Schubkarren" umrundet werden müssen.

| 67 | Verstecken | |
|---|---|---|
| Alter: 8-16 | | Dauer: 10-15 min. |
| Spieler: 4-10 | | Ort: drinnen |

Material: 1 Augenbinde

Ein Spieler bekommt die Augen verbunden und wird ein paar Mal im Kreis gedreht. Während er laut bis 30 zählt, dürfen sich die anderen Spieler ein Versteck suchen. Dann macht sich der „blinde" Spieler auf die Suche. Die anderen Spieler dürfen ihm zwar auf der Stelle ausweichen, dabei aber nicht ihr Versteck verlassen. Wer gefunden wird, tauscht mit dem „blinden" Spieler die Rollen.

Hinweis: Durch das Verbinden der Augen kann man mit Kindern auch in kleinen Räumen sinnvoll Verstecken spielen.

| 68 | Ja und Nein | |
|---|---|---|
| Alter: 12-20 | | Dauer: 20-30 min. |
| Spieler: 8-15 | | Ort: drinnen, Turnhalle |

Material: 1 Augenbinde

Für dieses Kennenlernspiel bilden wir einen Kreis. Eine Spielerin stellt sich freiwillig in die Mitte, lässt sich die Augen verbinden und einige Male um die eigene Achse drehen. Dann stellt sich eine andere Spielerin direkt vor sie hin. Die „blinde" Spielerin soll herausfinden, um wen es sich handelt, ohne die Spielerin zu berühren. Sie darf ihr fünf Fragen stellen, die mit ja oder nein beantwortet werden können. Zum Beispiel: „Hast du blonde Haare?", „Bist du größer als 1,60 Meter?", „Spielst du gerne Schach?" Für ein „ja" tippt die Gefragte der „blinden" Spielerin einmal auf die Schulter, für ein „nein" zwei Mal. Wenn die „Blinde" nach den fünf Fragen erraten kann, wer ihr gegenübersteht, darf sie die Augenbinde abnehmen und an die Erkannte weitergeben.

Hinweis: Während des Spiels müssen alle ganz leise sein, damit sich niemand an der Stimme verrät. Je nachdem wie gut sich die Spielerinnen kennen kann die Anzahl der Fragen bestimmt werden.

| 69 | Machst du mir deinen Platz frei? |
|---|---|

Alter: 10-16       Dauer: 15-20 min.

Spieler: 8-15       Ort: drinnen

Material: 1 Augenbinde

Wir bilden einen Stuhlkreis. Eine Spielerin stellt sich in die Mitte, bekommt die Augen verbunden und wird ein paar Mal um die eigene Achse gedreht. Für sie ist kein Platz im Stuhlkreis frei, deshalb muss sie sich bei einer beliebigen Mitspielerin auf den Schoß setzen. Die „blinde" Spielerin fragt: „Machst du mir deinen Platz frei?" Daraufhin zeichnet die Gefragte mit dem Finger den Anfangsbuchstaben ihres Vornamens auf den Rücken der „Blinden Kuh". Diese versucht dann zu erraten, auf wessen Schoß sie sitzt. Schafft sie es, erhält sie den Platz der Erkannten und darf die Augenbinde an sie weitergeben.

| 70 | Ball abfangen |
|---|---|

Alter: 10-18       Dauer: 15-20 min.

Spieler: 8-15       Ort: drinnen

Material: 1 Augenbinde, 1 Tennisball

Wir sitzen im Stuhlkreis. Die Spielleiterin verbindet einer Spielerin die Augen und führt sie in die Mitte des Kreises. Dann zählt die Spielleiterin die übrigen Spieler ab, die sich ihre Nummer merken. Anschließend tauschen alle die Plätze. Im Kreis wird im Uhrzeigersinn ein Tennisball herumgegeben. Wer ihn gerade hat, sagt laut seine Nummer. Zu einem beliebigen Zeitpunkt sagt die Spielerin in der Mitte „Stopp". Sie nennt eine Nummer. Die Spielerin, die den Ball hat, muss ihn nun zu der Spielerin mit der genannten Nummer werfen. Die „blinde" Spielerin versucht, den Ball abzufangen. Wenn der Ball nicht ankommt, tauscht die „Blinde" mit der Werferin die Rollen. Wenn der Ball von der richtigen Spielerin gefangen wird, gibt diese ihn im Uhrzeigersinn im Kreis weiter, und die „blinde" Spielerin muss einen neuen Versuch starten.

Hinweis: Das Spiel eignet sich hervorragend, um Konzentration und Merkfähigkeit zu trainieren. Durch das Nennen der Nummern kann sich die „blinde" Spielerin mit der Zeit vorstellen, wer wo sitzt. Das hilft ihr dabei, den Ball abzufangen.

| 71 | Vier Ecken |
|---|---|

Alter: 10-18       Dauer: 15-20 min.

Spieler: 8-20       Ort: drinnen, Turnhalle

Material: 1 Augenbinde

Ein Spieler steht mit verbundenen Augen in der Mitte des Raumes und lässt sich einige Male um die eigene Achse drehen. Die übrigen Spieler bewegen sich leise entlang der Wände von einer Ecke zur anderen. Wenn der „blinde" Spieler „Stopp" ruft, müssen alle in der Ecke stehenbleiben, wo sie sich gerade befinden. Dann zeigt der „blinde" Spieler auf eine beliebige Ecke. Alle Spieler, die dort stehen, scheiden aus. Das Spiel wird so lange fortgesetzt, bis der letzte Spieler erwischt wurde. Dieser tauscht dann mit dem „blinden" Spieler die Rollen.

Hinweis: Wer beim Stoppsignal sich noch nicht in einer Ecke befindet, muss sich in die nächstgelegene begeben.

| 72 | Blindekuh im Sitzen |
|---|---|

Alter: 10-18       Dauer: 10-15 min.

Spieler: 5-15       Ort: drinnen

Material: Stühle, 1 Augenbinde

Die Blinde Kuh bekommt ein Tuch vor die Augen gebunden und wird einige Male im Kreis gedreht. Dann stellen Sie kreuz und quer im Raum Stühle auf, und jeder sehende Spieler sucht sich einen Platz. Ein Stuhl bleibt frei. Nun macht sich die Blinde Kuh auf die Suche. Wenn sie einem Spieler nahe kommt, darf dieser versuchen, sich auf den leeren Stuhl zu retten. Wer von der Blinden Kuh berührt wird, tauscht mit ihr die Rollen.

Variante: Es bleibt kein Stuhl frei. Wer sich vor der Blinden Kuh retten will, muss sich bei einem anderen Spieler auf den Schoß setzen.

| 73 Schneller Kreis | | 74 Luftballon aufblasen | |
|---|---|---|---|
| Alter: 10-20 | Dauer: 15-20 min. | Alter: 10-20 | Dauer: 10 min. |
| Spieler: 12-20 Turnhalle | Ort: drinnen, | Spieler: 4-8 draußen | Ort: drinnen, |
| Material: 1 Augenbinde | | Material: 4-8 Luftballons, 4-8 Augenbinden | |

**73 Schneller Kreis**

Wir bilden einen großen Kreis. Eine Spielerin kommt in die Mitte und lässt sich die Augen verbinden. Die Blinde Kuh dreht sich 10 Mal um die eigene Achse. (Laut mitzählen!) Danach legen sich die anderen Spielerinnen flach auf den Boden. Nur eine bleibt stehen und klatscht einmal in die Hände. Die Blinde Kuh versucht, diese Person zu finden. Die stehende Spielerin darf sich hinlegen, wenn dafür gleichzeitig eine andere aufsteht und in die Hände klatscht.

Hinweis: Die Spielerinnen im Kreis müssen sich mit Blicken verständigen. Es darf nicht gesprochen werden.

**74 Luftballon aufblasen**

Es werden Paare gebildet. Die Partner stehen einander mit verbundenen Augen gegenüber. Jeder von beiden erhält einen Luftballon. Je ein Spieler hält den Luftballon hin, und der andere muss ihn aufblasen, ohne ihn mit den Händen zu berühren. Wenn das geschafft ist, hält der zweite Spieler dem ersten seinen Luftballon zum Aufblasen hin. Welches Team schafft es, beide Luftballons am schnellsten mit Luft zu füllen?

17      Hänschen piep einmal!

26

# Necken und Foppen

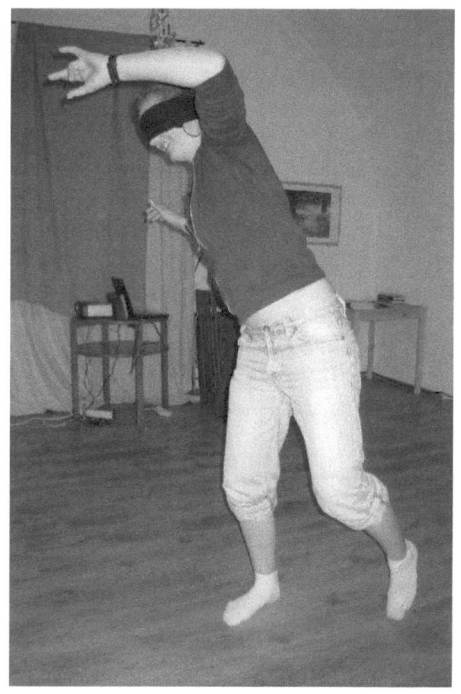

79      Flaschensteigen

| 75     Gegenseitig füttern | 76     Donut von der Schnur essen |
|---|---|
| Alter: 10-21     Dauer: 10 min. | Alter: 10-21     Dauer: 20-30 min. |
| Spieler: 2     Ort: drinnen | Spieler: 2-10     Ort: drinnen |
| Material: 2 Schalen mit Pudding, 2 Löffel, 2 Augenbinden | Material: Donuts, Schnur, 1 Augenbinde |
| Zwei Spielerinnen sitzen einander gegenüber. Beiden werden die Augen verbunden, so dass sie nichts mehr sehen. Jede bekommt ein Schälchen Pudding und einen Löffel. Die beiden Spielerinnen müssen sich nun gegenseitig füttern. Wer schafft es, zuerst die Schale leer zu bekommen? | Ein Donut wird an einer Schnur befestigt und von der Decke oder dem Türrahmen herab aufgehängt. Eine Spielerin bekommt die Augen verbunden und wird einige Male im Kreis gedreht. Sie soll nun versuchen, den Donut mit dem Mund zu schnappen und abzubeißen. Die Hände darf sie dabei nicht benutzen. Wie lange braucht sie, um den Donut aufzuessen? |
| Hinweis: Besser ein Lätzchen umbinden! | Hinweis: Damit die Hände garantiert nicht zum Einsatz kommen, kann man sie der Spielerin mit einem Tuch auf dem Rücken zusammenbinden. |

| 77 | Apfel schnappen | | 78 | Ball weitergeben | |
|---|---|---|---|---|---|
| Alter: 10-21 | | Dauer: 20 min. | Alter: 12-21 | | Dauer: 20 min. |
| Spieler: 2-10 draußen | | Ort: drinnen und | Spieler: 4-20 Turnhalle | | Ort: drinnen, |

**77 Apfel schnappen**

Alter: 10-21    Dauer: 20 min.

Spieler: 2-10    Ort: drinnen und draußen

Material: 2 Schüsseln mit Wasser, 2 Äpfel, 2 Augenbinden

Zwei Spielern werden die Augen verbunden. Vor ihnen steht je eine Schüssel mit Wasser, in der ein Apfel schwimmt. Die Spieler sollen nun versuchen, den Apfel mit dem Mund herauszufischen. Die Hände müssen sie dabei auf den Rücken nehmen. Wer schafft es, seinen Apfel zuerst aus der Schüssel zu holen?

**78 Ball weitergeben**

Alter: 12-21    Dauer: 20 min.

Spieler: 4-20    Ort: drinnen, Turnhalle

Material: 1 Tennisball, Augenbinden

Die Spielerinnen stehen mit verbundenen Augen im Kreis. Eine klemmt sich einen Tennisball unter das Kinn und versucht, diesen an die rechts neben ihr stehende Spielerin weiterzugeben. Diese klemmt ihn zwischen Kinn und Brust, um ihn auf dieselbe Weise weiterzugeben. Die Spielerinnen dürfen den Ball nicht mit den Händen berühren. Wenn der Ball herunterfällt, hebt ihn der Spielleiter auf und klemmt ihn der Spielerin wieder unter das Kinn. Wer den Ball zweimal verliert, scheidet aus dem Kreis aus.

**79 Flaschensteigen**

Alter: 10-18    Dauer: 10-20 min.

Spieler: 2-10    Ort: drinnen

Material: 10 leere Flaschen, 1 Augenbinde

Auf dem Boden werden 10 Flaschen zu einem Hindernisparcours aufgebaut. Die Spielerin darf sich den Parcours ansehen und mit offenen Augen hindurchgehen. Dann werden ihr die Augen verbunden, und sie wird ein paar Mal im Kreis gedreht. Nun soll sie „blind" durch den Parcours gehen, ohne eine Flasche zu berühren oder umzuwerfen. Die Zuschauer helfen ihr dabei mit Zurufen. Was die „Blinde" nicht weiß: Nachdem ihr die Augen verbunden wurden, haben die anderen Spieler die Flaschen leise beiseite geräumt.

Hinweis: Natürlich darf die Spielerin das Spiel nicht kennen. Wenn man es ihr nicht verraten will, kann man die Flaschen leise wieder aufstellen, bevor die Augenbinde abgenommen wird.

**80 Mondfahrt**

Alter: 12-21    Dauer: 10 min.

Spieler: mind. 4    Ort: drinnen

Material: 1 Bank, 1 Augenbinde

Ein Spieler stellt sich auf eine kleine Bank und wird auf die „Mondfahrt" vorbereitet. Er bekommt die Augen verbunden und legt seine Hände auf die Schultern eines Spielers, der direkt vor ihm steht. Anschließend tun zwei andere Spieler so, als ob sie die Bank anheben würden. Daraufhin geht der Spieler, der vor dem Mondfahrer steht, langsam in die Knie. So bekommt der „blinde" Spieler den Eindruck, als ob er immer weiter in die Höhe gehoben würde. Schließlich wird ihm eine Platte über den Kopf gehalten, so dass er meint, gar die Zimmerdecke zu spüren.

# Suikawari

Dieses traditionelle japanische Spiel wird im Garten oder am Strand gespielt. In ca. fünf Schritten Entfernung wird eine Wassermelone auf den Boden gelegt. Eine Spielerin bekommt die Augen verbunden und wird einige Male im Kreis gedreht. Sie erhält einen Stock und wird durch Zurufe zur Melone geführt. Diese muss sie dann durch einen kräftigen Schlag mit dem Stock aufspalten. Dafür hat sie drei Versuche.

| 81 Den leeren Stuhl finden | 82 Blind schminken |
|---|---|
| Alter: 10-18      Dauer: 10 min. | Alter: 10-21      Dauer: 10-15 min. |
| Spieler: 8-15      Ort: drinnen | Spieler: 2      Ort: drinnen |
| Material: Stühle, 1 Augenbinde | Material: Schminkzeug, 1 Augenbinde |
| Wir bilden einen Stuhlkreis. Eine Spielerin begibt sich in die Mitte, so dass ihr Stuhl also frei bleibt. Der Spielerin werden die Augen verbunden, und sie wird einige Male um die eigene Achse gedreht. Nun soll sie den leeren Platz finden und sich wieder hinsetzen. Doch das kann nicht gelingen, denn wir haben inzwischen den leeren Stuhl leise herausgenommen und den Kreis verkleinert. | Zwei Spielerinnen sitzen einander gegenüber. Eine von beiden verbindet sich die Augen. Vor ihr liegen verschiedenen Schminksachen. Mit diesen muss sie nun die andere Spielerin „blind" schminken. Wenn sie fertig ist, darf sie die Augenbinde abnehmen und ihr Werk bewundern. |
| 83 Blind anziehen | 84 Blinde Modenschau |
| Alter: 10-21      Dauer: 10-20 min. | Alter: 12-21      Dauer: 20 min. |
| Spieler: 4-10      Ort: drinnen | Spieler: 4-10      Ort: drinnen |
| Material: 1 Koffer, verschiedene Kleidungsstücke, 1 Augenbinde | Material: verschiedene Kleidungsstücke, 1 Augenbinde |
| Der Spielleiter packt einen Koffer mit rund 30 verschiedenen Kleidungsstücken (Schuhe, Hosen, Unterwüsche, Handschuhe, T-Shirts usw.) Eine Spielerin bekommt die Augen verbunden und darf den Koffer öffnen. Nacheinander muss sie fünf Kleidungsstück willkürlich herausnehmen und anziehen. Dann darf sie die Augenbinde an die nächste Spielerin weitergeben. | Einer Spielerin werden die Augen verbunden. Die anderen ziehen sich verschiedene Kleidungsstücke über, die zuvor in einem anderen Raum bereitgelegt wurden. Dann darf die „Blinde" die Spielerinnen nacheinander abtasten. Sie soll beschreiben, was sie anhaben. |
| 85 Der Glücksbringer | 86 Prinzessin und Dienerinnen |
| Alter: 10-16      Dauer: 10-15 min. | Alter: 12-21      Dauer: 10-20 min. |
| Spieler: 4-10      Ort: drinnen | Spieler: 4-10      Ort: drinnen |
| Material: 20 Kronkorken, 1 Geldstück, 2 Augenbinden | Material: Augenbinden |
| Zwei Spieler sitzen sich am Tisch gegenüber. Der Spielleiter legt auf dem Tisch 20 Kronkorken und ein Geldstück als „Glücksbringer" aus. Dann verbindet er beiden Spielern die Augen und mischt alle Gegenstände auf dem Tisch nochmal durch. Anschließend dürfen sich die Spieler auf die Suche nach dem „Glücksbinger" machen. Doch den hat der Spielleiter mittlerweile längst vom Tisch genommen. | Eine Spielerin ist die Prinzessin. Sie sitzt auf einem Stuhl in der Mitte des Raumes. Alle anderen sind die Dienerinnen. Sie tragen Augenbinden und dürfen während des Spiels nichts sehen. Nun erteilt die Prinzessin ihren Dienerinnen Aufträge. (z.B. zieht mir die Schuhe an, holt mir ein Glas Wasser, setzt mir einen Hut auf usw.) Die Dienerinnen versuchen, die entsprechenden Gegenstände möglichst schnell herbeizuschaffen. Wer schafft es, den Auftrag am schnellsten auszuführen? |

| 87 Drehwurm | 88 Kräftig pusten |
|---|---|
| Alter: 10-21      Dauer: 10-15 min. | Alter: 10-21      Dauer: 10 min. |
| Spieler: 2-20      Ort: draußen, Turnhalle | Spieler: 2      Ort: drinnen |
| Material: 1 leere Flasche, 1 Augenbinde | Material: 1 Wattebausch, 2 Augenbinden |
| Es wird ein Ziel markiert. In ca. 20 Metern Entfernung davon wird eine leere Flasche aufgestellt. Nacheinander verbinden sich die Spieler die Augen. Sie fassen den Flaschenhals an und müssen 20 Mal schnell um die Flasche gehen. Anschließend sollen sie auf das Ziel zugehen. | Zwei Spieler sitzen einander am Tisch gegenüber. Der Spielleiter legt einen Wattebausch in der Mitte auf den Tisch. Diesen sollen die Spieler nun in Richtung des Gegenspielers vom Tisch herunterpusten. Wer es schafft, erhält einen Punkt. Beim zweiten oder dritten Versuch startet der Spielleiter das Spiel, ohne den Wattebausch auf den Tisch zu legen. Oder er stellt einen Teller Mehl auf den Tisch. |
| 89 Streichholzschachtel auf der Nase | 90 Füße waschen |
| Alter: 12-21      Dauer: 10 min. | Alter: 10-21      Dauer: 10 min. |
| Spieler: 5-20      Ort: drinnen | Spieler: 2-20      Ort: drinnen und draußen |
| Material: 1 leere Streichholzschachtel, Augenbinden | Material: 1 Schüssel, verschiedene Gegenstände, 1 Augenbinde |
| Alle Spieler stellen sich hintereinander auf und verbinden sich die Augen. Der Spielleiter stülpt dem ersten Spieler die Hülle einer Streichholzschachtel über die Nase. Diese muss der Spieler nun dem hinter ihm Stehenden auf die Nase setzen, ohne dabei die Hände zu benutzen. Auf diese Weise wandert die Streichholzschachtel von einem zum anderen.<br><br>Hinweis: Das Weitergeben der Streichholzschachtel vorher mit offenen Augen üben. | Eine Spielerin zieht Schuhe und Strümpfe aus und verbindet sich die Augen. Sie sitzt „blind" und barfuß auf einem Stuhl, während der Spielleiter eine Schüssel vor ihren Füßen platziert. Darin befindet sich ein Gegenstand (z.B. Schlüssel, Puppe, Wolle, Stift usw.), den die „Blinde" mit den Füßen ertasten soll. Hat sie ihn erraten, nimmt sie die Füße aus der Schale und der Spielleiter tut den nächsten Gegenstand hinein. Beim dritten oder vierten Durchgang stellt der Spielleiter der „Blinden" eine mit Wasser gefüllte Schüssel vor die Füße. |

88      Kräftig pusten

| | |
|---|---|
| **91 Sitzordnung** | **92 Schnapp zu!** |

**91 Sitzordnung**

Alter: 10-21     Dauer: 10-20 min.

Spieler: 10-20     Ort: drinnen

Material: 1 Stoppuhr, Augenbinden

Es wird ein Stuhlkreis gebildet. Der Spielleiter verbindet allen Spielerinnen die Augen. Jede erhält eine Nummer und wird auf einen der Stühle gesetzt. So weiß jeder seine Nummer, aber nicht wo die anderen im Kreis sitzen. Der Spielleiter stellt sich in die Mitte und nennt zwei Nummern. Die betreffenden Spielerinnen müssen nun innerhalb von 30 Sekunden die Plätze tauschen.

**92 Schnapp zu!**

Alter: 8-20     Dauer: 5-10 min.

Spieler: 2     Ort: drinnen oder draußen

Material: 1 Augenbinde

Auf der Spielfläche wird ein Kreis mit ca. zwei Metern Durchmesser aufgezeichnet. Zwei Spielerinnen stellen sich in den Kreis. Die eine verbindet der anderen Spielerin die Augen und dreht sie 30 Mal schnell um die eigene Achse. Nach der letzten Drehung darf die „blinde" Spielerin versuchen, die andere Spielerin zu fangen. Sie darf drei Mal nach ihr greifen. Die sehende Spielerin darf ausweichen, aber den Kreis nicht verlassen.

Variante: Die sehende Spielerin schleicht sich aus dem Kreis heraus, so dass die „blinde" Spielerin immer ins Leere greift.

**93 Kegel umwerfen**

Alter: 10-20     Dauer: 10-20 min.

Spieler: 4-10     Ort: draußen, Turnhalle

Material: 10 Kegel, 1 Stoppuhr, 1 Augenbinde

Die Spielerinnen stellen sich nebeneinander auf und fassen sich an den Händen. Dann verbindet der Spielleiter allen Spielerinnen die Augen. Leise stellt er nun 10 Kegel verstreut auf der Spielfläche auf. Die Spielerinnen haben die Aufgabe, so viele Kegel wie möglich innerhalb von 10 Minuten umzuwerfen.

Variante: 1. Die Zuschauer führen die Spielerinnen durch Zurufe zu den Kegeln. 2. Der Spielleiter verstellt oder entfernt während des Spiels leise einige der Kegel.

**94 Wasser eingießen**

Alter: 10-18     Dauer: 10 min.

Spieler: 2     Ort: drinnen

Material: 1 Karaffe mit Wasser, 1 Glas, 1 Augenbinde

Auf dem Tisch steht eine mit Wasser gefüllte Karaffe. Verbinden Sie einem Spieler die Augen. Ein anderer Spieler setzt sich auf einen Stuhl und hält sich ein Glas über den Kopf. Der „blinde" Spieler soll so viel Wasser wie möglich in das Glas eingießen, ohne dass es überläuft. Dabei darf der Spieler nur die Karaffe, nicht aber das Glas berühren. Wer schafft es, das Glas zu füllen, ohne den sehenden Spieler nass zu machen?

# Dreh dich!

Bei vielen Spielen muss dafür gesorgt werden, dass die Blinde Kuh die Orientierung verliert bzw. sich nicht merken kann, welche Personen bzw. Gegenstände sich wo befinden. Nachdem Sie der Spieler/in die Augenbinde angelegt haben, sollten Sie sie daher einige Male um die eigene Achse drehen. Fassen Sie die Blinde Kuh an den Schultern und drehen Sie sie mindestens fünf Mal schnell in die eine und fünf Mal schnell in die andere Richtung. Ihr darf dabei ruhig etwas schwindelig werden, achten Sie aber darauf, dass die Blinde Kuh noch sicher auf den Beinen stehen kann. Das Drehen macht nicht nur Spaß und sorgt für ein zusätzliches Handicap. Für die Blinde Kuh ist es auch eine spannende Herausforderung, wenn sie die Orientierung während des Spiels „blind" durch Tasten und Hören langsam wiedergewinnen muss.

# Vertrauens- und Kooperationsspiele

Bei diesen Spielen und Übungen wird durch das Verbinden der Augen eine besonders intensive Vertrauenssituation hergestellt. Wer nichts sehen kann, muss der Partner/in oder der Gruppe im wörtlichen Sinne „blind" vertrauen. Das kostet anfangs etwas Mut und Überwindung. Doch wer sich darauf einlässt, gewinnt nicht nur an Vertrauen in andere, sondern auch in sich selbst. Die Teilnehmer/innen erleben zudem das schöne Gefühl, einmal die Kontrolle abgeben und sich „fallenlassen" zu können. Bei den Spielen und Übungen geht es zumeist nicht um Wettkampf, sondern um Kooperation. Die Spieler/innen müssen zusammenarbeiten, um eine Aufgabe zu bewältigen. Dabei kommt es auf gute verbale wie nonverbale Kommunikation an. Empathie und Vertrauen werden gestärkt, wenn die sehenden Spieler/innen für die „blinden" Spieler/innen Verantwortung übernehmen und ihnen helfen. Wichtig ist bei den Vertrauens- und Kooperationsspielen, öfters die Rollen zu tauschen, damit alle Spieler/innen sowohl die Situation des Helfens als auch des „blind seins" erleben. Im Anschluss an die Spiele und Übungen kann man mit den Teilnehmer/innen ihre Erfahrungen besprechen. Wie haben sie sich mit verbundenen Augen gefühlt? In welcher Situation haben sie der Partner/in oder der Gruppe vertraut bzw. nicht vertraut? Wie haben die sehenden Spieler/innen das Helfen und Führen erlebt? Wie haben sie es geschafft, das Vertrauen der „blinden" Partner/in zu gewinnen? Die hier aufgeführten Vertrauens- und Kooperationsspiele werden im Freien oder in der Turnhalle gespielt. Für einige der Spiele muss ein Hindernisparcours aufgebaut werden. Es gibt aber auch Spiele, die weder Material noch Vorbereitung erfordern und spontan durchgeführt werden können.

# Spiele und Übungen mit dem Partner

| 95 Blind führen | 96 An der Nase herumführen |
|---|---|
| Alter: 10-21 Dauer: 40 min. | Alter: 12-21 Dauer: 40 min. |
| Spieler: 2 Ort: drinnen, draußen, Turnhalle | Spieler: 2 Ort: drinnen, draußen, Turnhalle |
| Material: 1 Augenbinde | Material: 1 Augenbinde |

**95 Blind führen**

Es werden Paare gebildet. Eine Partnerin lässt sich die Augen verbinden und einige Male um die eigene Achse drehen. Die sehende Partnerin nimmt die „Blinde" an die Hand und führt sie langsam und vorsichtig durch die Umgebung. Unterwegs darf die Geführte versuchen, durch Tasten, Hören und Riechen herauszufinden, wo sie sich gerade befindet. Nach ca. 20 Minuten Führung werden die Rollen getauscht.

Hinweis: Während des Spiels sollte möglichst wenig gesprochen werden. Die Führende sollte der Geführten Richtung und Tempo durch Körperkontakt vorgeben.

Variante: Die Sehende führt die „Blinde" ohne Körperkontakt durch Zurufe oder akustische Signale. Die Geführte versucht, ihrer Partnerin zu folgen, indem sie sich am Gehör orientiert.

**96 An der Nase herumführen**

Eine Partnerin hat die Augen verbunden. Die sehende Partnerin führt die „Blinde", indem sie ausschließlich mit dem Zeigefinger die Nase der Geführten berührt.

Variante: Anstelle der Nase kann man dieses Spiel auch mit anderen Körperteilen ausprobieren, z.B. mit Schultern, Ohren oder Zeigefinger. Eine weitere Variante ist das Verwenden einer Führhilfe, wie ein Stab oder eine aufgerollte Zeitung. Die Führende legt die Führhilfe auf die offene Handfläche der Geführten. Die „blinde" Spielerin muss die Richtung durch die Führhilfe erspüren, darf aber nicht nach ihr greifen.

96      An der Nase herumführen

| 97      Slalomlauf | 98      Minenfeld |
|---|---|
| Alter: 12-21                    Dauer: 10-15 min. | Alter: 12-21                    Dauer: 20 min. |
| Spieler: 2                          Ort: draußen, Turnhalle | Spieler: 2                          Ort: drinnen, draußen, Turnhalle |
| Material: 10 Hütchen, 1 Augenbinde | Material: 30 Bierdeckel, 1 Augenbinde |
| Aus 10 Hütchen wird ein Slalomparcours aufgebaut. Die Partner stellen sich am Start auf, und einem von ihnen werden die Augen verbunden. Der Sehende hat nun die Aufgabe, den „blinden" Partner so schnell wie möglich um die Hütchen herum ins Ziel zu führen. Dort angekommen, werden die Rollen für den Rückweg getauscht. Berührt einer der beiden Partner ein Hütchen, muss das Paar zurück an den Start. | Auf der Spielfläche werden zahlreiche Bierdeckel als „Minen" ausgelegt. Ein Partner lässt sich die Augen verbinden und einige Male im Kreis drehen. Er muss nun „blind" durch das Minenfeld gehen, ohne auf einen Bierdeckel zu treten. Der sehende Partner führt ihn dabei durch Zurufe. Berührt der „blinde" Partner einen Bierdeckel, muss er zurück an den Start. |

# Partnerwahl

Erfahrungsgemäß wollen Kinder und Jugendliche Vertrauensspiele bevorzugt mit Personen spielen, die sie gut kennen. Das ist für den Einstieg auch gut so, da die Bereitschaft, sich auf die Situation des „blind seins" einzulassen höher ist, wenn man mit einer Person des eigenen Vertrauens spielt. Überlassen Sie daher zunächst die Partnerwahl den Spieler/innen. Nach einiger Zeit sollten allerdings die Teams neu zusammengesetzt werden, so dass auch Spieler/innen gemeinsam agieren müssen, die sich noch nicht so gut kennen. Durchmischen Sie die Teams auch nach Alter und Geschlecht, so dass auch mal ältere und jüngere Teilnehmer/innen sowie Mädchen und Jungen zusammen spielen. Die Zusammensetzung der Teams kann selbst als Kommunikations- und Sinnesspiel organisiert werden. (z.B. 166 Blind Paare bilden, 171 Finde deine Gruppe, 206 Tierische Partnersuche)

| 99 Blind balancieren | |
|---|---|
| Alter: 10-21 | Dauer: 10-20 min. |
| Spieler: 2 | Ort: Turnhalle |

Material: Bänke, 1 Augenbinde

Wir stellen einige Bänke zusammen. Es werden Paare gebildet. Eine Partnerin werden die Augen verbunden, und sie wird einige Male im Kreis gedreht. Sie soll nun „blind" über die Bank balancieren, wobei sie die sehende Partnerin begleitet und ihr Hilfestellung gibt.

| 100 Sprung ins Dunkle | |
|---|---|
| Alter: 12-21 | Dauer: 5-10 min. |
| Spieler: 2 | Ort: Turnhalle |

Material: 1 Kasten, 1 Weichboden, 1 Bank, 1 Augenbinde

In der Halle wird ein Kasten aufgestellt und ein Weichboden davor gelegt. Zum Aufstieg auf den Kasten wird eine Bank schräg an ihn angelehnt. Derweil musste eine Partnerin mit verbundenen Augen vor der Tür warten. Sie wird nun von der sehenden Partnerin in die Halle geführt. Die „Blinde" muss über die Bank auf den Kasten klettern und sich dort hinstellen. Schließlich soll sie vom Kasten auf den Weichboden springen. Die sehende Partnerin leistet ihr dabei Hilfestellung.

Hinweis: Das Spiel ist eine echte Mutprobe, da die „blinde" Spielerin die Höhe des Kastens nur schwer einschätzen kann.

| 101 Hindernisparcours | |
|---|---|
| Alter: 12-21 | Dauer: 30-40 min. |
| Spieler: 2-20 | Ort: Turnhalle |

Material: Kästen, Bänke, Matten, Seile, Augenbinden

Während die Hälfte der Teilnehmerinnen vor der Tür wartet, baut die andere Hälfte in der Turnhalle einen einfachen Parcours aus Kästen, Bänken, Matten und Seilen auf. Die wartenden Spielerinnen bekommen nacheinander die Augen verbunden und werden von einer sehenden Partnerin in die Halle geführt. Sie müssen nun den Parcours „blind" durchlaufen, wobei ihnen die sehende Partnerin Hilfestellung leistet.

Variante: Man kann die einzelnen Hindernisse mit einem Seil verbinden. So können die „Blinden" alleine den Weg durch den Parcours finden, indem sie sich am Seil entlangtasten. An den Hindernissen sollten Helfer bereitstehen.

| 102 Rittertournier | |
|---|---|
| Alter: 12-21 | Dauer: 15-20 min. |
| Spieler: 2-10 | Ort: draußen, Turnhalle |

Material: 1 Stock, Luftballons, 1 Augenbinde

In etwa 2,5 bis drei Metern Höhe wird ein Luftballon aufgehängt. Die Spieler bilden Paare, die sich hinter der Startlinie versammeln. Jeweils ein Partner bekommt die Augen verbunden. Er nimmt den anderen Huckepack. Der sehende Spieler erhält einen angespitzten Stock als „Lanze". Nun muss er sein „Pferd" zum Ballon dirigieren, den er mit der Lanze zum Platzen bringen muss. Welches Team schafft das am schnellsten?

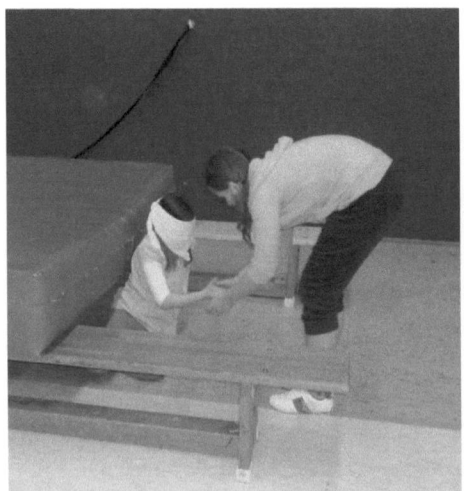

101     Hindernisparcours

108     Wassertransport

| 103     Finde den Kreis | | 104     Pferderennen | |
|---|---|---|---|
| Alter: 10-21 | Dauer: 15-20 min. | Alter: 12-21 | Dauer: 20 min. |
| Spieler: 2 | Ort: draußen, Turnhalle | Spieler: 2-10 | Ort: draußen, Turnhalle |
| Material: 1 Ball, Kreide, 1 Augenbinde | | Material: 1 Seil, 1 Augenbinde | |
| Einer Spielerin werden die Augen verbunden und sie wird um die eigene Achse gedreht, damit sie die Orientierung verliert. Dann wird auf dem Spielfeld mit Kreide ein kleiner Kreis aufgezeichnet. Die „Blinde" bekommt nun einen Ball in die Hand, den sie im Kreis ablegen soll. Da sie nicht weiß, wo sich der Kreis befindet, wird sie von der Partnerin durch Zurufe geführt. Die Sehende darf aber nur „heiß" oder „kalt" rufen, je nachdem, ob sich die „blinde" Partnerin dem Kreis nähert oder sich von ihm entfernt. Schafft es die „Blinde", den Ball im Kreis abzulegen? | | Die Partnerinnen entscheiden, wer bei diesem Spiel „Pferd" und wer „Reiterin" sein soll. Zuerst wird das Pferd für den Ritt vorbereitet. Als Zaumzeug werden die Enden eines Seiles um die Handgelenke gebunden. Dann werden die Scheuklappen in Form der Augenbinde aufgesetzt. Die Reiterin stellt sich hinter das Pferd und gibt mit dem Seil Tempo und Richtung vor. Nach etwas Übung kann ein kleiner Hindernisparcours aufgestellt werden, der durchlaufen werden muss. Auch können mehrere Teams gegeneinander antreten. | |

| 105     Hindernisfahrt | 106     Dreibeinlauf |
|---|---|
| Alter: 12-21       Dauer: 20 min. | Alter: 12-21       Dauer: 20 min. |
| Spieler: 2       Ort: Turnhalle | Spieler: 2-10       Ort: draußen, Turnhalle |
| Material: 1 Rollbrett, mehrere Kegel, 1 Augenbinde | Material: 1 Tuch, 2 Augenbinden |
| Aus Kegeln wird in der Halle ein Hindernisparcours aufgebaut. Dann werden Paare gebildet. Eine Partnerin lässt sich die Augen verbinden und hockt sich auf ein Rollbrett. Die andere Partnerin schiebt sie nun durch den Parcours, ohne einen Kegel umzuwerfen. | Zwei Partnerinnen stellen sich nebeneinander auf. Mit einem Tuch wird das linke Bein der einen mit dem rechten Bein der anderen zusammengebunden. Dann werden beiden Spielerinnen auch noch die Augen verbunden. Sie sollen sich nun langsam und vorsichtig zu einem ausgemachten Zielpunkt bewegen. Nach etwas Übung kann man aus dem blinden Dreibeinlauf ein Wettrennen mehrerer Paare machen. |
| Hinweis: Das Manövrieren mit dem Rollbrett sollte zuerst ohne Hindernisse geübt werden. | Hinweis: Den Schwierigkeitsgrad langsam steigern. Zuerst gehen beide mit offenen Augen. Dann hat eine Partnerin die Augen verbunden, so dass die andere noch führen kann. Anschließend sind beide „blind". Das Verbinden der Augen erhöht die Schwierigkeit, die Bewegungen zu koordinieren. |

98     Minenfeld

104     Pferderennen

| 107 Planetarium | |
|---|---|
| Alter: 10-18 | Dauer: 10-15 min. |
| Spieler: 2 | Ort: draußen |

Material: Kreide, 1 Augenbinde

Male für dieses Spiel mit Kreide das Planetensystem auf den Boden. Die Größe und die Entfernung der Planeten zueinander sollten grob stimmen. Verbinde deiner Partnerin die Augen und drehe sie einige Male im Kreis. Führe sie dann ausgehend von der Sonne langsam durch das Planetensystem. Du kannst unterwegs auch mehrmals die Richtung ändern. Bleibe schließlich auf einem Planeten stehen und lasse deine Partnerin raten, auf welchem. Wenn sie richtig rät, tauscht ihr die Rollen.

| 108 Wassertransport | |
|---|---|
| Alter: 10-21 | Dauer: 20 min. |
| Spieler: 2-10 | Ort: draußen |

Material: Eimer, Becher, Stoppuhr, Augenbinden

Im Abstand von ca. 10 Metern werden zwei Eimer platziert. Einer wird mit Wasser gefüllt. Bei diesem Eimer stellen sich die Partner auf. Einer von ihnen hat die Augen verbunden und bekommt einen Becher in die Hand. Er hat nun die Aufgabe innerhalb von fünf Minuten so viel Wasser wie möglich mit dem Becher vom vollen in den leeren Eimer zu befördern. Der sehende Partner führt ihn durch Zurufe. Um das Spiel schwieriger zu gestalten, können auf dem Weg Hindernisse aufgestellt werden.

| 109 Der schmale Weg | |
|---|---|
| Alter: 12-21 | Dauer: 10 min. |
| Spieler: 2 | Ort: draußen |

Material: Kreide, 1 Augenbinde

Mit Kreide wird ein schmaler Weg auf dem Boden aufgemalt. Am Start lässt sich eine Partnerin die Augen verbinden und einige Male im Kreis drehen. Sie muss bis ins Ziel gehen, ohne den Weg zu verlassen. Die parallelen Linien dürfen nicht berührt oder überschritten werden. Die sehende Partnerin begleitet die „Blinde" und führt sie mit Zurufen.

Hinweis: Die Partnerinnen dürfen einander während des Spiels nicht berühren.

| 110 Roboter | |
|---|---|
| Alter: 10-21 | Dauer: 20 min. |
| Spieler: 2 | Ort: drinnen, draußen, Turnhalle |

Material: 1 Augenbinde

Ein Partner bekommt die Augen verbunden. Er spielt den Roboter, den der sehende Partner programmieren muss. Er geht hinter dem Roboter und führt ihn mit abgesprochenen Berührungen. Zum Beispiel: Auf die rechte Schulter tippen = nach rechts gehen. Auf die linke Schulter tippen = nach links gehen. Auf den Rücken tippen = rückwärtsgehen. Auf den Kopf tippen = stehenbleiben. Nach 10 Minuten werden die Rollen getauscht.

| 111 Huckepack | |
|---|---|
| Alter: 12-21 | Dauer: 10 min. |
| Spieler: 2 | Ort: draußen, Turnhalle |

Material: 10 Hütchen, 1 Augenbinde

10 Hütchen werden zu einem Slalomparcours aufgestellt. Ein Partner stellt sich an den Start und verbindet sich die Augen. Er nimmt den anderen Partner Huckepack und trägt ihn im Slalom um die Hütchen herum bis ins Ziel. Der sehende Partner gibt ihm dabei Anweisungen.

| 112 30 Schritte ins Ziel | |
|---|---|
| Alter: 10-21 | Dauer: 10-15 min. |
| Spieler: 2 | Ort: draußen, Turnhalle |

Material: 1 Stuhl, 1 Augenbinde

Eine Partnerin lässt sich die Augen verbinden und einige Male im Kreis drehen. Die andere stellt in einiger Entfernung einen Stuhl auf der Spielfläche auf und setzt sich hin. Dann macht sich die „blinde" Spielerin auf die Suche nach dem Stuhl. Sie darf aber insgesamt nur 30 Schritte machen, um ihn zu erreichen. Auf dem Weg darf sie die sehende Partnerin drei Mal nach der Richtung fragen, in die sie gehen muss. Schafft es die „Blinde", den Stuhl in 30 oder weniger Schritten zu erreichen und sich bei der Partnerin auf den Schoß zu setzen?

| 113 | Schatzsuche im Dunkeln auf Zeit |
| --- | --- |
| Alter: 12-21 | Dauer: 10 min. |
| Alter: 10-20 | Dauer: 15-20 min. |
| Spieler: 2 | Ort: Turnhalle |

Material: 2 Kriechtunnel, 1 Reifen, 1 Eimer, 1 Tennisball, 1 Stuhl, 1 Stoppuhr, 1 Augenbinde

Baue folgenden Parcours auf: An einer Stelle in der Halle platzierst du einen Eimer und legst einen Kriechtunnel davor. An einer anderen Stelle legst du einen Reifen auf den Boden und einen weiteren Tunnel davor. In den Reifen legst du einen Tennisball. Schließlich stellst du in einiger Entfernung noch einen Stuhl auf. Dann verbindest du deiner Partnerin die Augen und drehst sie einige Male im Kreis. Nun geht deine Partnerin auf Schatzsuche im Dunkeln. Führe sie mit einem Summton durch den Parcours, der lauter wird, wenn sie sich in die richtige Richtung bewegt und leiser wird, wenn sie vom Ziel abkommt. Zuerst muss deine Partnerin durch den Tunnel zum Reifen. Dort nimmt sie sich den Ball und macht sich auf den Weg zum zweiten Tunnel. Sie kriecht hindurch und legt den Ball in den Eimer. Führe deine Partnerin dann zum Stuhl, auf den sie sich setzen muss. Absolviert diese Übung zuerst langsam. Setzt euch dann ein Zeitlimit, das ihr von Runde zu Runde verringert.

| 114 | Von Stuhl zu Stuhl |
| --- | --- |
| Alter: 12-20 | Dauer: 10-15 min. |
| Spieler: 2 | Ort: drinnen |

Material: 10 Stühle, 1 Augenbinde

Stelle 10 Stühle zu einem Parcours zusammen, während deine Partnerin vor der Tür wartet. Die Stühle können direkt nebeneinander oder auch leicht versetzt aufgestellt werden, aber immer so, dass keine Lücke zwischen zwei Stühlen bleibt, die größer als 20 Zentimeter ist. Nun verbindest du deiner Partnerin die Augen, führst sie zu dem Stuhlparcours und lässt sie auf den ersten Stuhl stiegen. Von dort aus soll sie von einer Sitzfläche auf die nächste steigen bis sie beim letzten Stuhl angekommen ist. Führe deine Partnerin mit möglichst genauen Anweisungen.

Hinweis: Bleibe zur Absicherung deiner Partnerin immer in unmittelbarer Nähe. Jüngere oder unsichere Spielerinnen werden beim ersten Versuch an die Hand genommen und über den Stuhlparcours geführt.

| 115 | Lotse und Schiff |
| --- | --- |
| Alter: 12-21 | Dauer: 10-15 min. |
| Spieler: 10-20 | Ort: Turnhalle |

Material: 1 Augenbinde

„Lotse" und „Schiff" stehen sich an zwei einander gegenüberliegenden Wänden der Halle auf. Das Schiff hat die Augen verbunden und wird ein paar Mal im Kreis gedreht. Die anderen Spieler verteilen sich auf dem Spielfeld. Das Schiff muss nun quer durch die Halle zum Lotsen gehen. Der Lotse darf dem Schiff Kommandos zurufen und es so um die anderen Spieler herumführen. Berührt das Schiff dennoch einen der anderen Spieler, muss es zurück an den Start.

| 116 | Keulen sammeln |
| --- | --- |
| Alter: 12-20 | Dauer: 10-15 min. |
| Spieler: 2 | Ort: Turnhalle |

Material: 1 Bank, 3 Keulen, 1 Augenbinde

Während eine Spielerin vor der Tür wartet, stellen Sie in der Mitte der Halle eine Bank auf und platzieren auf ihr in unregelmäßigen Abständen drei Keulen. Dann verbinden Sie der Spielerin die Augen, drehen sie einige Male im Kreis und führen sie zur Bank. Sie soll nun langsam und vorsichtig über die Bank balancieren und nacheinander die drei Keulen einsammeln, ohne dass diese umfallen. Die Spielerin darf nur mit den Händen nach den Keulen tasten, wenn Sie „jetzt" rufen.

Hinweis: Zuerst das „blind" balancieren üben. (siehe 99)

| 117 | Rücken an Rücken |
|---|---|
| Alter: 12-20 | Dauer: 10-15 min. |
| Spieler: 2 | Ort: Turnhalle |
| Material: 2 Augenbinden | |

Zwei Spielerinnen verbinden sich die Augen und stellen sich eng Rücken an Rücken zusammen. So versuchen sie sich nun „blind" durch den Raum zu bewegen, ohne den Körperkontakt zur Partnerin zu verlieren. Nach etwas Übung kann aus Kegeln ein einfacher Hindernisparcours aufgebaut werden, durch den die Partnerinnen durch Zurufe geführt werden.

Hinweis: Die beiden Partnerinnen dürfen während des Spiels nicht miteinander sprechen.

Variante: Geübte Spielerinnen können versuchen, einen Ball zwischen ihren Rücken zu balancieren und ihn so ins Ziel zu transportieren. (siehe 131)

| 118 | Balancieren mit Bierdeckeln |
|---|---|
| Alter: 12-20 | Dauer: 15-20 min. |
| Spieler: 2-10 | Ort: Turnhalle |
| Material: Augenbinden, Bierdeckel | |

Auf dem Spielfeld werden kreuz und quer etwa 40 Bierdeckel verteilt. Es werden Paare gebildet. Jeweils eine Partnerin bekommt die Augen verbunden. Die „Sehende" führt die „Blinde" über das Spielfeld, wobei die „Blinde" immer nur auf den Bierdeckeln stehen darf. Ein Bierdeckel, auf dem die „Blinde" einmal mit beiden Füßen gestanden hat, darf von ihrer Partnerin aufgehoben werden. Sie kann ihn entweder behalten oder bei Bedarf auf dem Boden auslegen, wenn kein anderer Deckel zur Verfügung steht, auf den die „Blinde" treten könnte. Jedes Mal, wenn die „blinde" Partnerin mit einem Fuß den Boden berührt, muss die „Sehende" einen eingesammelten Bierdeckel unter den betreffenden Fuß ihrer Partnerin schieben. Das Paar, das nach Ablauf der Spielzeit die meisten Bierdeckel gesammelt hat, gewinnt. Wieder ausgelegte Deckel zählen nicht.

Hinweis: Bei dem Spiel kommt es nicht nur auf Vertrauen und Geschicklichkeit an, sondern auch auf Taktik. Die Paare können ihren Weg so wählen, dass sie anderen Paaren die Bierdeckel wegschnappen und sie zwingen, eingesammelte Deckel wieder auszulegen.

| 119 | Namensblätter |
|---|---|
| Alter: 10-20 | Dauer: 15-20 min. |
| Spieler: 4-10 | Ort: drinnen |
| Material: 10 Blätter DIN A4 Papier, 1 Stift, Augenbinden | |

Wir bilden Paare und verbinden jeweils einem Partner die Augen. Der Spielleiter legt 10 leere DIN A4 Blätter auf dem Boden aus. Auf eines von ihnen legt er einen Stift. Der erste „blinde" Spieler muss nun über die Spielfläche zu dem Blatt mit dem Stift gehen, ohne auf eines der anderen Blätter zu treten. Dabei wird er vom Partner durch Zurufe geführt. Wenn der „blinde" Spieler am richtigen Blatt angekommen ist, nimmt er sich den Stift und schreibt seinen Namen auf das Blatt. Dann übergibt er die Augenbinde an seinen Partner, und das nächste Paar ist an der Reihe. Tritt der „blinde" Spieler unterwegs auf ein Blatt, muss er eine Runde aussetzen. Das Spiel dauert so lange, bis alle Spieler ihren zu Papier gebracht haben.

Hinweis: Den Stift von Runde zu Runde auf einem anderen Blatt platzieren.

| 120 | Ballons einsammeln |
|---|---|
| Alter: 14-20 | Dauer: 10-20 min. |
| Spieler: 4-8 | Ort: drinnen, Turnhalle |
| Material: Luftballons in verschiedenen Farben, Eimer, Augenbinden | |

Es werden Paare gebildet. Jedes Paar sucht sich eine Luftballonfarbe aus. 10 Ballons von jeder Farbe werden aufgeblasen und auf dem Spielfeld verteilt. Jeweils ein Partner bekommt die Augen verbunden und wird einige Male um die eigene Achse gedreht. Dann erhalten die „blinden" Partner drei Minuten Zeit, um so viele Ballons in ihrer Teamfarbe einzusammeln und im Eimer des Teams zu verstauen wie möglich. Die Sehenden dürfen Anweisungen geben, aber weder die Ballons noch den „blinden" Partner berühren. Nach Ablauf der Zeit werden die gesammelten Luftballons gezählt: Ein Ballon der richtigen Farbe gibt einen Punkt, ein Ballon der falschen Farbe einen Minuspunkt.

# Acht goldene Regeln für Vertrauensspiele

1. Führen Sie Vertrauensspiele nur an sicheren Orten durch. Entfernen Sie alle gefährlichen Gegenstände von der Spielfläche, und lassen Sie die Spieler/innen nicht unbeaufsichtigt.

2. „Blinde" Vertrauensspiele eignen sich nur für Gruppen, in denen ein gewisses Grundvertrauen herrscht. Empathie und ein gutes Gruppenklima sind wichtig, um die Übungen angstfrei und sicher durchführen zu können.

3. Überlassen Sie den Spieler/innen, wer zuerst „blind" und wer sehender Helfer sein soll. Achten Sie aber darauf, dass nach einiger Zeit die Rollen getauscht werden.

4. Übernehmen Sie das Verbinden der Augen und stellen Sie sicher, dass niemand schummelt. Jüngere Teilnehmer/innen dürfen schwierige Aufgaben zuerst mit offenen, dann mit geschlossenen und schließlich mit verbundenen Augen ausprobieren. Ältere Spieler/innen bekommen gleich die Augen verbunden und dürfen die Hindernisse bzw. den Spielaufbau zuvor nicht sehen. Geben Sie ihnen aber den Hinweis, ihre nichtvisuellen Sinne (Hören, Tasten) zur Erkundung der Umgebung einzusetzen.

5. Die sehenden Spieler/innen sind während der Spiele oder Übungen für die Sicherheit der „blinden" Spieler/innen verantwortlich. Sie müssen sie führen und ihnen helfen. Das gilt insbesondere, wenn Hindernisse überwunden werden müssen. Kommunikation und enger Körperkontakt – soweit es die Spielregeln erlauben – sind wichtig, um gegenseitiges Vertrauen aufzubauen. Mit Einfühlungsvermögen helfen wir den „blinden" Spieler/innen, Unsicherheit und Hilflosigkeit abzubauen und Selbstvertrauen aufzubauen.

6. Geben Sie den Spieler/innen nach dem Verbinden der Augen etwas Zeit, sich an die Situation zu gewöhnen. Wer sich als „blinde" Spieler/in während der Übungen unsicher fühlt, bleibt stehen und bittet den Partner, die Gruppe oder eine Aufsicht um Hilfe. Niemand muss etwas tun, wovor er Angst hat oder was er als unangenehm empfindet. Allerdings darf die „blinde" Partner/in während der Übungen und Spiele die Augenbinde nicht abnehmen.

7. Bei Übungen ohne verbale Kommunikation müssen akustische und/ oder taktile Signale verabredet werden. Die Paare können die Signale vor dem Spiel festlegen und einüben. Die sehenden Spieler/innen dürfen sich aber nicht allein auf die Signale verlassen, sondern müssen immer bereit sein, helfend einzugreifen und die „blinde" Partner/in abzusichern. Vor allem gilt: Rechtzeitig vor Hindernissen warnen.

8. Besprechen Sie im Anschluss die Vertrauensspiele mit den Teilnehmer/innen. Wie haben sie sich als „blinde" bzw. sehende Spieler/in gefühlt? Welche Rolle haben sie lieber ausgefüllt? In welchen Situationen haben die Spieler/innen einander vertraut bzw. nicht vertraut und warum? Wodurch konnte das Vertrauen während der Spiele gesteigert werden?

---

*Zum Einstieg*: Lassen Sie die Kinder und Jugendlichen vor den Vertrauensspielen an Hand von 3-4 alltäglichen Situationen (Schuhe anziehen, ein bestimmtes Buch finden, Glas Wasser eingießen usw.) einschätzen, was sie „blind" selbst können und wobei sie Hilfe benötigen. Dann bekommen die Kinder und Jugendlichen nacheinander die Augen verbunden und probieren eine der Aufgaben aus. Die sehenden Gruppenmitglieder stehen zur Unterstützung bereit. Bestätigt sich die Selbsteinschätzung? Welche und wie viel Hilfe ist nötig?

# Spiele und Übungen mit der Gruppe

| 121 Blinde Raupe | 122 Blinde Karawane |
|---|---|
| Alter: 10-21      Dauer: 20-30 min. | Alter: 10-21      Dauer: 20-30 min. |
| Spieler: 4-10      Ort: draußen, Turnhalle | Spieler: 4-10      Ort: draußen, Turnhalle |
| Material: 3-9 Augenbinden | Material: Augenbinden |
| Alle Spieler stellen sich hintereinander auf und legen die Hände auf die Schultern des Vorangehenden. Dann bekommen alle die Augen verbunden. Nur der Spieler, der den Kopf der „blinden Raupe" bildet, darf etwas sehen. Er führt die „blinde Raupe" durch die Umgebung. Nach etwas Übung können Hindernisse aufgestellt werden, die umrundet werden müssen.<br><br>Variante: Der sehende Spieler führt die „blinde Raupe" nicht von vorne, sondern von hinten. In diesem Fall können sich die „blinden" Spieler nicht einfach mitziehen lassen, sondern müssen die vorgegebene Richtung erfühlen und nach vorne weitergeben. | Alle Spielerinnen stellen sich hintereinander auf und legen die Hände auf die Schultern des Vorangehenden. Dann bekommen alle Spielerinnen eine Augenbinde umgebunden. Die „blinde Karawane" setzt sich langsam und vorsichtig in Bewegung. Sie wird vom Spielleiter durch Zurufe geführt. Nach etwas Übung kann er die Gruppe auch um Hindernisse herum dirigieren.<br><br>Hinweis: Die Zurufe gelten in der Regel der Spielerin, die die Karawane anführt und somit die anderen hinter sich her zieht. Der Spielleiter kann aber auch andere Spielerinnen einzeln ansprechen. |

| 123 Seilparcours | |
|---|---|
| Alter: 10-21 | Dauer: 20-30 min. |
| Spieler: 3-20 | Ort: Wald |

Material: Seile, Augenbinden

Wir spannen in Hüfthöhe Seile von Baum zu Baum, so dass sich ein Parcours bzw. ein Labyrinth ergibt. Am Start lassen sich die Spieler die Augen verbinden und einige Male im Kreis drehen. Dann hangeln sie sich an den Seilen entlang und versuchen, den Weg durch den Parcours zu finden. Wer nicht weiter kommt, kann sich von einem sehenden Helfer ein Stück führen lassen. Erst am Ziel darf die Augenbinde abgenommen werden.

Hinweis: Nicht jeder Weg führt zum Ziel! Einige Seile enden in einer Sackgasse, so dass die Spieler den richtigen Weg immer wieder suchen müssen.

| 124 Das Pendel | |
|---|---|
| Alter: 12-21 | Dauer: 10-15 min. |
| Spieler: 3 | Ort: drinnen, draußen, Turnhalle |

Material: 1 Augenbinde

Zwei Spielerinnen stellen sich im Abstand von rund einem Meter einander gegenüber auf. Die dritte Spielerin steht in der Mitte. Sie verbindet sich die Augen, macht sich möglichst steif und lässt sich nach vorne fallen. Die dort stehende Spielerin fängt sie auf und stößt sie leicht zurück. Diesmal kippt die „blinde" Spielerin nach hinten und wird auch dort aufgefangen und zurückgestoßen.

Hinweis: Wenn sich die Gruppe noch nicht so gut kennt, sollte man das Spiel zuerst mit offenen Augen versuchen.

| 125 Sich fallen lassen | |
|---|---|
| Alter: 14-21 | Dauer: 10-20 min. |
| Spieler: 10-20 | Ort: Turnhalle |

Material: 1 Kasten, 1 Weichboden, 1 Augenbinde

In der Halle wird ein hoher Kasten aufgebaut und dahinter ein Weichboden platziert. Hinter dem Kasten stellt sich die Gruppe in einer Reihe auf. Dabei stehen immer zwei Teilnehmerinnen einander so nah gegenüber, dass sie sich berühren können. Eine Teilnehmerin klettert auf den Kasten. Sie stellt sich mit dem Rücken zur Gruppe und verbindet sich die Augen. Dann lässt sie sich nach hinten fallen. Die anderen Teilnehmerinnen strecken ihre Hände aus und fangen die „Blinde" auf.

| 126 Seilschaft | |
|---|---|
| Alter: 10-21 | Dauer: 20-30 min. |
| Spieler: 4-20 | Ort: draußen, Turnhalle |

Material: 1 Seil, Augenbinden

Alle Spieler stellen sich hintereinander auf und fassen ein Seil. Dann werden allen die Augen verbunden mit Ausnahme des Spielers, der am Anfang des Seils steht. Er führt die Gruppe durch die Umgebung und nach etwas Übung durch einen einfachen Hindernisparcours.

Variante: Bei großen Gruppen dürfen die Spieler am Anfang und am Ende des Seils sehen.

| 127 Seil formen | |
|---|---|
| Alter: 12-21 | Dauer: 20 min. |
| Spieler: 5-15 | Ort: draußen, Turnhalle |

Material: 1 Seil, Augenbinden

Alle Spieler setzen sich Augenbinden auf. Der Spielleiter legt ein Seil auf den Boden und gibt der Gruppe eine geometrische Form vor (z.B. Kreis, Quadrat, Rechteck). Die „blinden" Spieler sollen nun das Seil gemeinsam in diese Form bringen. Wenn sie glauben, es geschafft zu haben, dürfen sie die Augenbinden abnehmen und das Ergebnis betrachten.

| 128 Bälle transportieren I | |
|---|---|
| Alter: 10-21 | Dauer: 20 min. |
| Spieler: 5-20 | Ort: drinnen, Turnhalle |

Material: Tennisbälle, 2 Schalen, 5-20 Augenbinden

Die Spieler setzen sich in einer Reihe hintereinander auf den Boden. Alle bekommen die Augen verbunden. Vor dem ersten Spieler steht eine Schale mit Tennisbällen und vor dem letzten Spieler der Reihe eine leere Schale. Die Spieler sollen die Tennisbälle nun von der einen in die andere Schale befördern, indem sie sie über Kopf nach hinten weitergeben.

| 129 Wackeliger Untergrund | 130 Kollisionskurs |
|---|---|
| Alter: 12-20     Dauer: 10-25 min. | Alter: 12-20     Dauer: 10-20 min. |
| Spieler: 7-15     Ort: Turnhalle | Spieler: 5-10     Ort: Turnhalle |
| Material: 1 Weichboden, 10 Medizinbälle, 1 Augenbinde | Material: 1 Stoppuhr, Augenbinden |
| Wir platzieren einen Weichboden auf 10 Medizin- bällen. Zur Absicherung stellen sich an den Seiten die Spieler einander gegenüber auf. Ein Spieler bekommt die Augen verbunden und stellt sich in der Mitte auf den Weichboden. Nach dem Startzeichen beginnen die übrigen Spieler damit, den Weichboden langsam in eine Richtung zu verschieben. Dazu entnehmen sie auf der einen Seite einige Medizinbälle und stecken sie auf der anderen Seite wieder unter die Matte. Der „blinde" Spieler muss versuchen, die Bewegung auszubalancieren und stehenzubleiben. | Wir brauchen eine große freie Spielfläche ohne Hindernisse. Eine Spielerin wird zur Helferin bestimmt. Sie darf als einzige sehen. Allen anderen Spielerinnen verbinden Sie die Augen und drehen sie einige Male im Kreis. Wenn Sie das Starsignal geben, bewegen sich alle „blinden" Spielerinnen vorsichtig mit ausgestreckten Händen durch den Raum. Die Helferin hat die Aufgabe, zu verhindern, dass eine Spielerin das Spielfeld verlässt oder zwei Spielerinnen zusammenstoßen. Dafür darf sie die Spielerinnen kurz festhalten und in eine andere Richtung drehen. Wie lange gelingt es ihr, eine Kollision zu verhindern? |

123     Seilparcours           130     Kollisionskurs

124     Das Pendel

| 131 | Bälle transportieren II |
|---|---|
| Alter: 12-21 | Dauer: 10-20 min. |
| Spieler: 3 | Ort: draußen, Turnhalle |

Material: 1 Ball, 2 Augenbinden

Zwei Spieler bekommen die Augen verbunden und stellen sich Rücken an Rücken auf. Zwischen ihre Rücken wird ein Ball eingeklemmt. Die Spieler sollen den Ball nun zu einem vorher ausgemachen Ziel transportieren, ohne dass er vorher herunterfällt. Der dritte Spieler begleitet die Partner und führt sie durch Zurufe.

| 132 | Seenotrettung |
|---|---|
| Alter: 12-21 | Dauer: 20 min. |
| Spieler: 8-20 | Ort: Turnhalle |

Material: 1 Matte, Augenbinden

An einer Stelle wird in der Halle eine große Matte ausgelegt. Dann verbindet der Spielleiter allen die Augen. Nur der „Seenotretter" darf sehen. Seine Aufgabe ist es, alle Spieler nacheinander möglichst schnell in den sicheren Hafen, d.h. auf die Matte zu, führen. Währenddessen bewegen sich die anderen Spieler „blind" durch die Halle. Wenn zwei „Schiffe" zusammenstoßen, scheiden sie aus dem Spiel aus.

Hinweis: Darauf achten, dass die „Schiffe" nicht stehenbleiben. Bei größeren Gruppen können auch zwei „Seenotretter" gleichzeitig zum Einsatz kommen.

| 133 | Durch die Gasse laufen |
|---|---|
| Alter: 12-21 | Dauer: 10-20 min. |
| Spieler: 10-20 | Ort: Turnhalle |

Material: 1 Augenbinde

Die Spieler bilden eine Gasse, die am Ende immer enger wird. Ein Spieler stellt sich etwa fünf Meter vor der Gasse auf und verbindet sich die Augen. Er läuft „blind" durch die Gasse und wird von seinen Mitspielern schließlich aufgefangen.

Hinweis: Um für eine noch intensivere Vertrauenssituation zu sorgen, wird die Gasse gebildet, während die Läufer vor der Tür warten. Sie werden dann vom Spielleiter mit verbundenen Augen hineingeführt, einige Male im Kreis gedreht und dann so aufgestellt, dass sie geradeaus auf die Gasse zulaufen können.

| 134 | Schachbrett |
|---|---|
| Alter: 12-21 | Dauer: 20-30 min. |
| Spieler: 10-20 | Ort: draußen |

Material: Kreide, 1 Ball, 1 Augenbinde

Der Spielleiter zeichnet mit Kreide ein ca. drei mal drei Meter großes Quadrat auf den Boden und unterteilt es wie ein Schachbrett in 64 kleine Felder. Nachdem einer Spielerin die Augen verbunden wurden, markiert der Spielleiter jedes zweite Feld mit einem Kreuz. Dann legt er auf ein beliebiges Feld einen Ball. Die „blinde" Spielerin soll nun von einem festgelegten Startpunkt aus über das Schachbrett gehen und den Ball suchen, ohne ein durchkreuztes Feld zu betreten. Sie wird dabei von den sehenden Spielerinnen durch Zurufe geführt. Wenn die „blinde" Spielerin den Ball gefunden hat, darf sie die Augenbinde an eine andere Spielerin weitergeben. Wenn sie auf ein „verbotenes" Feld tritt, muss sie zurück an den Start.

Variante: Anstelle der Kreuze stellen sich die Spielerinnen auf die „verbotenen" Felder.

| | |
|---|---|
| **135 Im Kreis aufstellen**<br><br>Alter: 12-21 · Dauer: 20-30 min.<br><br>Spieler: 8-20 · Ort: draußen, Turnhalle<br><br>Material: Augenbinden<br><br>Alle Spielerinnen bis auf eine bekommen die Augen verbunden. Sie werden auseinandergeführt und einige Male im Kreis gedreht, damit sie die Orientierung verlieren. Die sehende Spielerin hat nun die Aufgabe, die Mitspielerinnen zu einem Kreis zusammenzustellen, ohne sie zu berühren. Dazu ruft sie jede Spielerin mit Namen auf und sagt ihr, was sie zu tun hat. (z.B. „Sandra, drei Schritte vor, einen nach links. Laura, fünf Schritte vor, zwei nach rechts" usw.) Wenn der Kreis fertig ist, fassen sich die Spielerinnen an den Händen, und ihre Augenbinden werden abgenommen. | **136 Der führende Kreis**<br><br>Alter: 12-21 · Dauer: 20 min.<br><br>Spieler: 4-7 · Ort: draußen, Turnhalle<br><br>Material: 1 Augenbinde<br><br>Auf der Spielfläche werden ein Start- und ein Zielpunkt markiert. Am Start bildet die Gruppe einen kleinen Kreis (maximal aus sieben Personen). Ein Spieler stellt sich in die Mitte des Kreises und verbindet sich die Augen. Er geht nun „blind" los in Richtung des Ziels. Der Kreis bewegt sich immer mit ihm. Wenn der „blinde" Spieler vom Weg abkommt, hilft ihm der Kreis, indem er die Richtung korrigiert. |
| **137 Zusammenfinden**<br><br>Alter: 10-21 · Dauer: 20 min.<br><br>Spieler: 5-20 · Ort: draußen, Turnhalle<br><br>Material: 5-20 Augenbinden<br><br>Es wird eine große Spielfläche benötigt. Der Spielleiter verbindet allen Spielern die Augen, führt sie auseinander und dreht sie einige Male um die eigene Achse. Die Spieler sollen sich nun wieder zur Gruppe zusammenfinden und einen Kreis bilden.<br><br>Hinweis: Die Spieler dürfen nicht sprechen, sich aber durch Laute mit den anderen verständigen. | **138 Komm mit!**<br><br>Alter: 12-21 · Dauer: 10-20 min.<br><br>Spieler: 10-20 · Ort: draußen, Turnhalle<br><br>Material: 1 großes Schwungtuch, 1 Augenbinde<br><br>Die Spielerinnen bilden einen Kreis und halten ein Schwungtuch. Eine Spielerin hockt in der Mitte des Kreises unter dem Schwungtuch. Sie hat die Augen verbunden. Nun hebt die Gruppe das Schwungtuch an. In diesem Moment löst sich eine der Spielerinnen aus dem Kreis und ruft: „Komm mit!" Sie nimmt die „Blinde" an die Hand und führt sie aus dem Kreis heraus. Schafft sie es, bevor sich das Schwungtuch wieder senkt? |

121 Blinde Raupe

| | |
|---|---|
| **139 Führungswechsel** | **140 Brücke bauen** |
| Alter: 12-21       Dauer: 10 min. | Alter: 12-21       Dauer: 20-30 min. |
| Spieler: 5       Ort: draußen, Turnhalle | Spieler: 10-30       Ort: Turnhalle |
| Material: 4 Augenbinden | Materialien: 2 große Matten, Bänke, Augenbinden |

**139 Führungswechsel**

Die fünf Spielerinnen stellen sich hintereinander auf und fassen der vor ihnen stehenden Person auf die Schultern. Mit Ausnahme der hinten stehenden Person bekommen alle die Augen verbunden. Die Sehende führt die Gruppe zur gegenüberliegenden Seite des Spielfeldes. Dort drehen sich alle um. Die nun hinten stehende Spielerin darf ihre Augenbinde an die nun vorne Stehende weitergeben. Dann geht die Gruppe zum Ausgangspunkt zurück.

**140 Brücke bauen**

An zwei leicht versetzten Stellen in der Halle, die ca. 15 Meter voneinander entfernt sind, wird je eine Matte platziert. Die Mädchen stellen sich auf eine der Matten und lassen sich die Augen verbinden. Die Jungen sollen nun aus Bänken eine Brücke von der einen zur anderen Matte bauen. Wenn sie fertig ist, sollten sie die Mädchen über diese Brücke von der einen zur anderen Matte führen. Die Mädchen dürfen dabei nicht den Boden betreten.

**141 Spinnennetz**

Alter: 12-21       Dauer: 10-15 min.

Spieler: 5-20       Ort: draußen, Turnhalle

Material: Seile, 1 Augenbinde

Aus Seilen wird ein „Spinnennetz" geknüpft, dessen Lücken gerade groß genug sind, hindurchzusteigen. Die Hälfte der Gruppe stellt sich vor, die andere hinter dem Netz auf. Dann werden einem Spieler die Augen verbunden. Er legt sich steif auf den Boden, wird dann von den Spielern angehoben und durch das Spinnennetz an die Spieler auf der andern Seite weitergegeben. Gelingt es, den „blinden" Spieler durch das Spinnennetz zu bekommen, ohne dass er eines der Seile berührt?

**142 Hangeln**

Alter: 12-21       Dauer: 10 min.

Spieler: 5       Ort: Turnhalle

Material: 1 Seil, 1 Ball, 1 Augenbinde

Je zwei Spieler auf jeder Seite stehen einander im Abstand von drei Metern gegenüber und halten ein Seil in Brusthöhe straff gespannt. Etwa auf halbem Weg wird ein Ball unter dem Seil platziert. Ein Spieler hält sich mit Händen und Füßen so am Seil fest, dass er nicht den Boden berührt. Mit verbundenen Augen hangelt er sich vorwärts, nimmt den Ball auf und bringt ihn auf die andere Seite.

Hinweis: Unter dem Seil Matten auslegen und zuerst mit offenen Augen üben.

126      Seilschaft

| 143 | Lebende Hindernisse |
|---|---|
| Alter: 12-21 | Dauer: 20 min. |
| Spieler: 15-20 | Ort: draußen, Turnhalle |
| Material: Augenbinden | |

Es werden zwei gleichgroße Gruppen gebildet. Die Teilnehmerinnen der einen Gruppe lassen sich die Augen verbinden und bilden eine Kette, indem sie sich an den Händen fassen. Die übrigen Spielerinnen verteilen sich über die Spielfläche und hocken sich als lebende Hindernisse hin. Der Spielleiter führt die „blinde" Gruppe nun durch den Hindernisparcours, wobei jedes Hindernis von allen Geführten überstiegen werden muss.

| 144 | Mattentransport |
|---|---|
| Alter: 12-20 | Dauer: 10-15 min. |
| Spieler: 5-7 | Ort: Turnhalle |
| Material: Augenbinden, 1 Matte | |

Ein Spieler legt sich auf eine Matte. Die anderen stellen sich auf beiden Seiten der Matte auf und verbinden sich die Augen. Sie heben gemeinsam die Matte an und transportieren den Spieler so durch die Halle. Der sehende Spieler gibt durch Zurufe die Richtung vor. Erst ohne Augenbinden üben!

Variante: Aus Kegeln kann ein einfacher Hindernisparcours aufgebaut werden, den die Mattenträger im Slalom durchlaufen müssen.

| 145 | Alarmanlage |
|---|---|
| Alter: 12-20 | Dauer: 20-30 min. |
| Spieler: 4-10 | Ort: draußen |
| Material: Kreide, 4 Stangen, Seile, 1 Augenbinde | |

Zunächst bauen wir eine Alarmanlage auf. Dazu platzieren wir vier Stangen jeweils an den Ecken der Spielfläche und verbinden sie mit Seilen, die in 50 Zentimeter Höhe straff gespannt werden. Dann markieren wir auf dem Boden mit Kreide fünf bis 10 Kreise mit einem Durchmesser von ca. 50 Zentimetern. Zuletzt legen wir einen Start- und einen Zielpunkt fest. Die Gruppe hat nun die Aufgabe, durch Zurufe eine „blinde" Spielerin vom Startpunkt bis zum Zielpunkt zu lotsen. Mit verbundenen Augen muss die Spielerin unter den Seilen hindurchrobben, ohne sie zu berühren. Außerdem darf sie sich nicht über die Kreise bewegen.

| 146 | Namensblätter |
|---|---|
| Alter: 10-21 | Dauer: 10-15 min. |
| Spieler: 4-15 | Ort: drinnen, Turnhalle |
| Material: 10 Blätter DIN A4 Papier, 1 Stift, Augenbinden | |

Nacheinander bekommt jeder Spieler die Augen verbunden und wird einige Male im Kreis gedreht. Der Spielleiter legt 10 leere DIN A4 Blätter auf dem Boden aus. Auf eines von ihnen legt er einen Stift. Der „blinde" Spieler muss nun über die Spielfläche zu dem Blatt mit dem Stift gehen, ohne auf eines der anderen Blätter zu treten. Dabei wird er von der Gruppe durch Zurufe geführt. Wenn der „blinde" Spieler am richtigen Blatt angekommen ist, nimmt er sich den Stift und schreibt seinen Namen auf das Blatt. Dann verbindet der Spielleiter dem nächsten Spieler die Augen und legt den Stift auf ein anderes Blatt. Tritt der „blinde" Spieler unterwegs auf ein Blatt, muss er eine Runde aussetzen. In wie vielen Runden schafft es die Gruppe, alle Namen zu Papier zu bringen?

145      Alarmanlage

# Experimente: Auf einer Blindenführung den Wald oder die Stadt neu entdecken

In der Umweltpädagogik werden Augenbinden häufig für Walderkundungsspiele eingesetzt. Die Teilnehmer/innen werden einzeln oder in Gruppen kreuz und quer durch den Wald geführt und erhalten die Gelegenheit, sich mit Hilfe ihrer nichtvisuellen Sinne ein Bild von der Umgebung zu machen. Wie fühlt sich der Boden unter den Füßen an? Lassen sich Bäume durch Tasten erkennen und unterscheiden? Wie riechen Harz und Moos? Welche Geräusche lassen sich im Wald wahrnehmen? Eine solche „Nachtwanderung bei Tage" ist nicht nur ein tolles sinnliches Erlebnis, sondern auch eine sehr intensive Vertrauensübung für Kinder, Jugendliche und Erwachsene gleichermaßen. Auf der ihnen unbekannten Route müssen sich die Teilnehmer/innen auf die sehenden Helfer/innen verlassen, bis die Gruppe wieder am Ausgangspunkt angekommen ist und die Augenbinden abgenommen werden. Etwas Vergleichbares gibt es auch für die Stadt. Viele Städte bieten spezielle Stadtführungen für Blinde an. Mittlerweile können aber auch Blindenführungen gebucht werden, die für Sehende konzipiert sind. Bei diesen Führungen werden den Teilnehmer/innen die Augen verbunden, und sie werden auf einer vorbereiteten Route durch die Stadt geführt. Sie lernen, die Umgebung einmal ganz anders wahrzunehmen. Anstelle des im Alltag dominanten Sehsinns stehen hier Tasten, Hören, Fühlen und Riechen im Mittelpunkt. Es kostet etwas Überwindung, sich darauf einzulassen. Doch können die Teilnehmer/innen auf ihrem Weg spannende Sinnes- und Vertrauenserfahrungen sammeln. Auch können sie im Selbstversuch herausfinden, wie behindertengerecht die Stadt gestaltet ist. Kindern und Jugendlichen sollte die Gelegenheit gegeben werden, das „sich führen lassen" (95, 121, 122, 126) zuerst in einer bekannten Umgebung mit einer Vertrauensperson auszuprobieren. So lassen sich im Vorfeld Ängste abbauen und Strategien für den gezielten Einsatz der nichtvisuellen Sinne entwickeln. Besprechen Sie mit den Kindern und Jugendlichen, wie das Verbinden der Augen Interaktion, Kommunikation, Wahrnehmung und Orientierung verändert.

# Sinnesspiele

Im Alltag ist das Sehen unser wichtigster Sinn. Mit den Augen orientieren wir uns, während die anderen Sinne nur in bestimmten Situationen stärker gefordert sind. (z.B. beim Essen oder Musik hören) Doch bei diesen Spielen und Übungen wird der Sehsinn durch das Verbinden der Augen ausgeschaltet. Nun müssen wir uns allein auf unsere nichtvisuellen Sinne konzentrieren. Schnell merken wir, dass Tasten, Fühlen, Riechen, Schmecken und Hören viel sensibler und intensiver erfahren werden, wenn die Augen nicht mithelfen können. Es fällt uns zwar schwer, uns mit verbundenen Augen zu orientieren. Dafür sammeln wir mit den Händen, den Füßen, den Ohren, der Nase und dem Mund viele Sinneseindrücke, mit denen wir uns auch „blind" ein Bild von unserer Umgebung machen können. Da uns die Augen nichts verraten, sind Fantasie und Vorstellungsvermögen gefordert. Geben Sie den Teilnehmer/innen daher genug Zeit, die sinnlichen Spielsituationen zu genießen und ihre Eindrücke zu verarbeiten. Auch viele Umweltspiele setzen auf das Verbinden der Augen, um die anderen Sinne anzuregen und zu sensibilisieren. Wenn wir zum Beispiel „blind" durch den Wald geführt werden, entdecken wir durch Tasten, Hören und Riechen vieles, was uns mit offenen Augen gar nicht aufgefallen wäre. Wir gehen sozusagen auf Entdeckungsreise in die Natur. Neben der Schärfung der nichtvisuellen Sinne fördern die Sinnesspiele auch Geduld, Konzentration, Erinnerungsvermögen und Aufmerksamkeit. Bei den Hörspielen wird zudem noch die Orientierung geschult, denn mit verbundenen Augen müssen wir uns auf dem Spielfeld nicht mit den Augen, sondern mit den Ohren zurechtfinden. Eine oder mehrere Geräuschquellen weisen uns den Weg durch die Dunkelheit. Dafür eignen sich Klanginstrumente, wie Rassel, Triangel, Holzblock und Tamburin, besonders gut. Spannende Sinneserfahrungen ermöglichen nicht nur die Spiele, sondern auch einige einfache Experimente, die mit alltäglichen Haushaltsgegenständen durchgeführt werden können. Sie zeigen, wie unsere Sinne zusammenhängen und wie man sie austricksen kann.

# Tasten und Fühlen

| 147 Schnelles Tasten | 148 Tastschnur |
|---|---|

**147 Schnelles Tasten**

Alter: 8-18      Dauer: 20-30 min.

Spieler: 4-10      Ort: drinnen

Material: Kiste, 20 Tastobjekte, 1 Stoppuhr, 1 Augenbinde

Wir füllen rund 20 Tastobjekte in eine Kiste, z.B. Wattebausch, zerknülltes Papier, Radiergummi, Waschlappen, Löffel, Feder, Puppe usw. Die Kinder warten vor der Tür. Nacheinander bekommen sie die Augen verbunden und werden zur Fühlbox geführt. Sie greifen hinein und sollen innerhalb von drei Minuten möglichst viele Gegenstände durch Abtasten erkennen. Wer schafft es, die meisten Tastobjekte zu erraten?

Hinweis: Verwenden sie für kleinere Kinder bekannte Alltagsgegenstände. Für größere Kinder und Jugendliche können es auch ungewöhnlichere Objekte sein.

**148 Tastschnur**

Alter: 8-14      Dauer: 30-60 min.

Spieler: 2-20      Ort: draußen, Turnhalle

Material: 1 lange Schnur, verschiedene Tastobjekte, Augenbinden

Für dieses Spiel bereiten wir eine Tastschnur vor, die die Kinder vorher nicht sehen dürfen. Es wird eine Schnur etwa in Schulterhöhe gespannt. Daran binden wir die Tastobjekte. Zum Beispiel Bürste, Briefumschlag, Kugelschreiber, Puppe, Stück Stoff usw. Dann verbinden wir den Kindern die Augen und führen sie zum Anfang der Schnur. Einzeln und nacheinander dürfen sie sich an der Schnur entlang von Gegenstand zu Gegenstand hangeln. Die Kinder müssen ein Objekt zuerst durch Abtasten erkennen, bevor sie zum nächsten weitergehen dürfen.

**149 Gegenstände suchen**

Alter: 8-16      Dauer: 10 min.

Spieler: 3-10      Ort: drinnen

Material: 20 Tastobjekte, 1 Augenbinde für jeden Spieler.

Die Kinder sitzen mit verbundenen Augen am Tisch. Verteilen Sie 20 Tastobjekte, z.B. Puppe, Büroklammer, Bleistift, Gabel, Pinsel usw. auf dem Tisch. Nennen Sie dann den Kindern einen Gegenstand, den sie suchen sollen. Wer ihn zuerst mit tastenden Händen entdeckt, bekommt einen Punkt.

Hinweis: Zwischendurch die Gegenstände immer wieder durchmischen. Dann kann man auch zwei Mal denselben Gegenstand nennen.

**150 Gegenstände ordnen**

Alter: 8-16      Dauer: 10 min.

Spieler: 2      Ort: drinnen

Material: 20 Tastobjekte, 1 Augenbinde

Das Kind sitzt mit verbundenen Augen am Tisch. Verteilen Sie 20 Tastobjekte, z.B. Puppe, Büroklammer, Bleistift, Gabel, Pinsel, zerknülltes Papier, Wattebausch, Schmirgelpapier usw. auf dem Tisch. Das Kind soll nun alle Gegenstände abtasten und nach bestimmten Kriterien ordnen, z.B. alle weichen, alle harten, alle großen, alle kleinen, alle aus Plastik usw.

| 151 Tastmemory | | 152 Puzzlespiel | |
|---|---|---|---|
| Alter: 8-16 | Dauer: 10-20 min. | Alter: 10-21 | Dauer: 20-30 min. |
| Spieler: 2 | Ort: drinnen | Spieler: 2 | Ort: drinnen |

Material: 30 Tastobjekte, 1 Augenbinde

Das Kind sitzt mit verbunden Augen am Tisch. Wählen Sie 30 Tastobjekte aus, davon jeweils 15 gleiche bzw. ähnliche. Z.B. zwei Büroklammern, zwei Bleistifte, zwei Gabeln usw. Alle Gegenstände werden auf dem Tisch verteilt und gründlich durchgemischt. Das Kind soll nun alle Gegenstände nacheinander abtasten und sie zu Paaren ordnen.

Variante: Schmuggeln Sie einen Gegenstand unter die Tastobjekte, den es nur einmal gibt. Findet das „blinde" Kind dies heraus?

Material: 1 einfaches Puzzle, 2 Augenbinden

Zwei Spieler sitzen einander am Tisch gegenüber. Auf dem Tisch werden die Teile eines einfachen Puzzles (20-50 Teile) ausgebreitet. Dieses sollen die Spieler nun gemeinsam mit verbundenen Augen zusammenlegen.

| 153 Paare finden | | 154 Was fehlt? | |
|---|---|---|---|
| Alter: 10-16 | Dauer: 20-30 min. | Alter: 10-16 | Dauer: 20 min. |
| Spieler: 2 | Ort: drinnen | Spieler: 2-4 | Ort: drinnen |

Material: 2 x 10 Tastobjekte, 1 Augenbinde

Ein etwas anspruchsvolleres Fühl- und Suchspiel. Es werden Paare gebildet. Eine Partnerin wartet vor der Tür. Währenddessen sucht sich die andere 20 Tastobjekte – von jedem Objekt zwei Exemplare (z.B. zwei Handschuhe, zwei Büroklammern, 2 Locher usw.). 10 Objekte werden auf dem Fußboden verteilt, während die 10 Gegenstücke auf dem Tisch bereitgelegt werden. Dann wird die Partnerin in den Raum geführt. Ihre Augen sind verbunden. Die Sehende gibt der „Blinden" einen Gegenstand vom Tisch kurz zum Betasten in die Hände. Anschließend muss sich die „Blinde" auf die Suche nach dem Gegenstück machen.

Material: 10 Tastobjekte, Augenbinden

Der Spielleiter legt 10 Tastobjekte auf den Tisch. (z.B. Puppe, Büroklammer, Bleistift, Gabel, Pinsel, zerknülltes Papier, Wattebausch, Schmirgelpapier usw.) Die Kinder setzen sich an den Tisch und dürfen sich die Dinge eine Minute lang genau ansehen und einprägen. Dann werden ihnen die Augen verbunden. Der Spielleiter entfernt leise einen Gegenstand vom Tisch. Dann tasten die Kinder die Gegenstände ab. Wer findet heraus, welcher Gegenstand fehlt?

# Eine „Fühlbox" anlegen

Wenn Sie regelmäßig mit Ihrem Kind Tastspiele durchführen möchten, sollten Sie eine „Fühlbox" anlegen. Sammeln Sie dafür in einem Schuhkarton kleinere Gegenstände aus Haus und Garten. Zum Beispiel: Knopf, Löffel, Kugelschreiber, Flaschenöffner, Radiergummi, Zahnbürste, Playmobilfigur, Kieselstein, Tannenzapfen usw. Das Kind darf nicht den Deckel öffnen und hineinsehen. Wenn es neugierig auf den Inhalt ist, muss es sich die Augen verbinden lassen und die Gegenstände durch Abtasten erkennen. Nehmen Sie regelmäßig Dinge aus der Fühlbox heraus und legen neue hinein. Lassen Sie das Kind herausfinden, welche Gegenstände neu sind und welche im Vergleich zum letzten Mal fehlen. Besonders motivierend wird das Spiel, wenn auch das Kind eine Fühlbox erstellt und Sie mit verbundenen Augen hineingreifen lässt. Wer hat wohl den sensibleren Tastsinn?

| 155 Gegenstand im Kreis | 156 Wäscheklammerspiel I |
|---|---|
| Alter: 10-16      Dauer: 15-20 min. | Alter: 12-21      Dauer: 10-20 min. |
| Spieler: 10-20      Ort: drinnen | Spieler: mind. 2      Ort: drinnen |
| Material: 10-20 Gegenstände, Augenbinden | Material: 2 Wäscheklammern, 2 Augenbinden |
| Alle sitzen im Stuhlkreis. Der Spielleiter legt viele verschiedene Gegenstände in die Mitte. Jede Spielerin sucht sich einen Gegenstand aus. Dann verbindet der Spielleiter allen Spielerinnen die Augen. Er gibt einen Gegenstand im Kreis herum, der ertastet aber nicht genannt werden soll. Wer glaubt, seinen Gegenstand erkannt zu haben, meldet sich. Dann wird der Gegenstand aus dem Spiel genommen und der nächste wird im Kreis herumgegeben. | Zwei Spielerinnen stellen sich einander gegenüber auf und lassen sich die Augen verbinden. Der Spielleiter befestigt je eine Wäscheklammer irgendwo an der Kleidung der beiden Spielerinnen. Diese dürfen sich nun gegenseitig abtasten und versuchen, die Wäscheklammer der anderen zu finden. Wer sie zuerst entfernt, hat gewonnen. |
| 157 Wäscheklammerspiel II | 158 Blinder Bildhauer |
| Alter: 12-21      Dauer: 5-10 min. | Alter: 12-18      Dauer: 10-20 min. |
| Spieler: 4      Ort: drinnen | Spieler: mind. 3      Ort: drinnen oder draußen |
| Material: 30 Wäscheklammern, 2 Augenbinden | Material: 1 Augenbinde |
| Jeweils zwei Spielerinnen stehen einander gegenüber. Zwei von ihnen werden die Augen verbunden. Danach bringt man an der Kleidung der beiden anderen je 15 Wäscheklammern an. Die „blinden" Spielerinnen sollen nun die ihnen gegenüber stehende Spielerin abtasten und möglichst viele Wäscheklammern finden und einsammeln. Es gewinnt, wer nach Ablauf des Zeitlimits die meisten Klammern abgenommen hat. | Jeweils drei Spieler agieren in diesem Spiel zusammen. Einer ist der „blinde Bildhauer" und hat die Augen verbunden. Ein anderer Spieler stellt sich in einer beliebigen Pose auf. Der Bildhauer tastet die „Skulptur" ab und versucht, den dritten Spieler genauso hinzustellen. Wenn der Bildhauer glaubt, es geschafft zu haben, darf er die Augenbinde abnehmen und sein Werk überprüfen. |

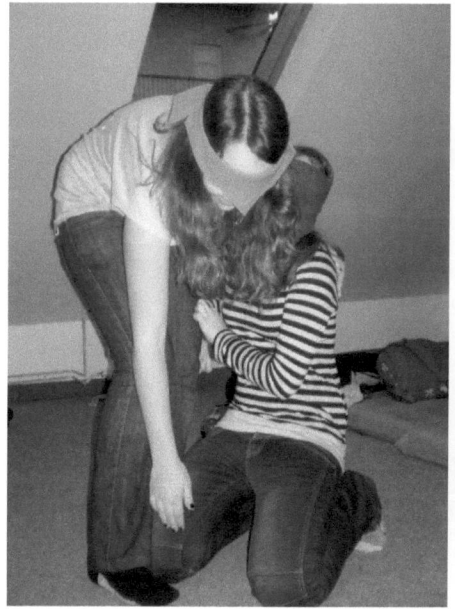 

156      Wäscheklammerspiel I

| | |
|---|---|
| 159      Schuhe ertasten I | 160      Schuhe ertasten II |
| Alter: 10-21                Dauer: 15-20 min. | Alter: 12-21                Dauer: 20 min. |
| Spieler: 10-20              Ort: drinnen | Spieler: 10-20              Ort: drinnen |
| Material: Schuhe, 2 Augenbinden | Material: Schuhe, 1 Augenbinde |
| Die Spieler sitzen im Kreis. Alle ziehen sich die Schuhe aus und legen sie in die Mitte. Nachdem die Schuhe nochmal gut durchgemischt wurden, werden zwei Spielern die Augen verbunden. Sie sollen nun die Schuhe abtasten und zu Paaren ordnen. Wer findet die meisten Paare? | Die Spieler sitzen im Kreis. Alle ziehen sich die Schuhe aus und legen sie durcheinander in die Mitte. Eine Spielerin lässt sich die Augen verbinden und einige Male um die eigene Achse drehen. Sie soll nun die Schuhe ertasten, zu Paaren ordnen und sie den Eigentümern anziehen. Wenn alle Schuhe vergeben sind, darf sie sich die Augenbinde abnehmen, und wir überprüfen, wer die richtigen und wer die falschen Schuhe anhat. |
| 161      Gesichter ertasten | 162      Hände ertasten |
| Alter: 10-21                Dauer: 10-20 min. | Alter: 10-21                Dauer: 10-20 min. |
| Spieler: 4-10               Ort: drinnen | Spieler: 4-10               Ort: drinnen |
| Material: 1 Augenbinde, evtl. 2 Holzlöffel | Material: 1 Augenbinde |
| Ein Spieler bekommt die Augen verbunden und wird einige Male im Kreis gedreht. Dann wird er zu einem anderen Spieler geführt und tastet mit den Händen dessen Gesicht ab. Erkennt er nur durch Tasten, wer es ist?<br><br>Hinweis: Die Spieler müssen bei diesem Spiel ganz ruhig sein, um sich nicht an der Stimme zu verraten.<br><br>Variante: Der „blinde" Spieler bekommt als Tasthilfe zwei Holzlöffel in die Hände. | Einer Spielerin werden die Augen verbunden. Sie soll nun die anderen Spieler am Betasten der Hände erkennen.<br><br>Hinweise: Wenn sich die Spieler noch nicht so gut kennen, darf sich die Tastende die Hände der anderen Spieler genau ansehen, bevor ihr die Augen verbunden werden. |

161      Gesichter ertasten

162      Hände ertasten

158     Blinder Bildhauer

| 163     Der Größe nach ordnen | 164     Bücherpyramide |
|---|---|
| Alter: 12-21                 Dauer: 10-15 min. | Alter: 10-21                 Dauer: 10 min. |
| Spieler: 4-10                 Ort: drinnen, draußen, Turnhalle | Spieler: 2-5                 Ort: drinnen |
| Material: Augenbinden für alle Spieler | Material: 20-30 Bücher, Augenbinden |
| Der Spielleiter verbindet allen Teilnehmerinnen die Augen, führt sie auseinander und dreht sie einige Male im Kreis. Die Spielerinnen müssen sich nun zusammenfinden und der Größe nach aufstellen. Dabei dürfen sie einander abtasten, aber nicht sprechen. Wenn die Spielerinnen glauben, es geschafft zu haben, dürfen sie die Augenbinden abnehmen. | Die Spieler verbinden sich die Augen. Sie bekommen mehrere Bücher, die sie der Größe nach ordnen und stapeln sollen. Dabei muss das größte Buch unten und das kleinste Buch oben liegen. Wer schafft es, die Bücherpyramide am schnellsten zu bauen? |

# Fühlspaziergang im Wald

Augenbinden eigenen sich hervorragend, um einen langweiligen Waldspaziergang in ein spannendes Erlebnis zu verwandeln. Das Kind lässt sich die Augen verbinden und wird von Ihnen behutsam durch die Umgebung geführt. Machen Sie an interessanten Stellen am Wegesrand Halt (z.B. Bank, Baumstamm, Busch, Wegweiser), und lassen Sie das Kind einige Minuten lang diese Stelle tastend erkunden. Das Kind soll sich ein Bild von der Umgebung machen und möglichst genau beschreiben, was es fühlt. Bevor die Führung weitergeht, drehen Sie das Kind einige Male im Kreis, damit es die Orientierung verliert. Erst am Ende des Weges nehmen Sie ihm die Augenbinde wieder ab. Gehen Sie nun gemeinsam denselben Weg zurück. Kann das Kind die „blind" ertasteten Stellen sehend wiederfinden?

| | |
|---|---|
| **165 Was stimmt nicht?** | **166 Blind Paare bilden** |

**165 Was stimmt nicht?**

Alter: 12-21 Dauer: 10-20 min.

Spieler: 4-10 Ort: drinnen, draußen, Turnhalle

Material: 1 Augenbinde

Ein Spieler schaut sich die Kleidung der übrigen Mitspieler genau an. Dann werden ihm die Augen verbunden. Anschließend tauschen zwei Spieler Kleidungsstücke aus, z.B. ihre Schuhe oder ihre Pullover. Alle Spieler stellen sich in einer Reihe auf, und der „blinde" Spieler tastet alle von Kopf bis Fuß ab. Findet er heraus, welches Kleidungsstück ausgetauscht wurde?

Hinweis: Das Spiel schult nicht nur den Tastsinn, sondern auch die Beobachtungsgabe und das Merkvermögen.

**166 Blind Paare bilden**

Alter: 12-21 Dauer: 10-15 min.

Spieler: 8-20 Ort: Turnhalle

Material: Gegenstände zum Markieren der Spielerinnen, 8-20 Augenbinden

Allen Spielerinnen werden die Augen verbunden. Der Spielleiter kennzeichnet jeweils zwei Personen in gleicher Weise, z.B. ein Tuch um den Oberschenkel gebunden, eine Wäscheklammer am Ärmel usw. Dann werden die Spielerinnen auseinandergeführt und ein paar Mal um die eigene Achse gedreht. Nach dem Startsignal des Spielleiters müssen sich die Spielerinnen „blind" zu Paaren zusammenfinden. Dazu müssen sie durch Tasten die Person mit der gleichen Markierung ausfindig machen.

Hinweis: Bei dem Spiel sollte nicht gesprochen werden. Der Spielleiter sollte erst allen Spielerinnen die Augen verbinden, bevor er die Markierungen anbringt. So wird verhindert, dass die Spielerinnen vorher wissen, wer ihre Partnerin ist.

**167 Fußtaststraße**

Alter: 10-21 Dauer: 20 min.

Spieler: 3-10 Ort: drinnen, draußen, Turnhalle

Material: Kästen mit verschiedenen Naturmaterialien, 1 Augenbinde

Füllen Sie 10 bis 15 Kästen mit verschiedenen Naturmaterialien, z.B. Erde, Sand, Kieselsteine, Moos, Gras, Tannenzapfen, Blätter usw. Dann stellen Sie die Kästen zu einem Tastpfad hintereinander auf. Eine Spielerin zieht sich Schuhe und Strümpfe aus und bindet sich ein Tuch vor die Augen. Sie nehmen die „blinde" Spielerin an die Hand und führen sie langsam durch die Fußtaststraße. Die Spielerin tastet sich barfuß durch die Kästen und versucht, die Naturmaterialien zu beschreiben und zu erkennen.

Hinweis: Achten Sie darauf, dass die Teilnehmerinnen die Kästen vorher nicht sehen. Decken Sie die Kästen zwischendurch ab und variieren Sie die Anordnung. So bleibt das Spiel auch nach mehreren Durchgängen noch spannend. Geben Sie der „blinden" Spielerin viel Zeit, die Materialien in jedem Kasten zu erfühlen. Es geht nicht nur darum, die Materialien zu erkennen, sondern möglichst genau zu beschreiben.

**168 Blinde Seiltänzerin**

Alter: 10-21 Dauer: 10 min.

Spieler: 2 Ort: drinnen, Turnhalle

Material: 1 Seil, 1 Augenbinde

Auf dem Boden wird ein langes Seil ausgelegt. Eine Spielerin zieht sich Schuhe und Strümpfe aus und verbindet sich die Augen. Sie soll nun über das Seil balancieren, indem sie dessen Verlauf mit den Füßen ertastet.

Hinweis: Die „blinde Seiltänzerin" sollte den Verlauf des Seils vorher nicht gesehen haben, damit sie sich ganz auf ihren Tastsinn verlassen muss. Nehmen Sie die Spielerin an die Hand, um das Halten des Gleichgewichts zu erleichtern.

Variante: Legen Sie zwei lange Seile zu einem großen Kreis aus. Markieren Sie Anfang und Ende der Seile jeweils mit einer Eierpappe. Die erste Spielerin balanciert mit verbundenen Augen über das Seil bis zur ersten Pappe. Wenn sie dort angelangt ist, startet die zweite Spielerin. Wenn sie auch bei der Pappe angekommen ist, darf die erste Spielerin weitergehen. So wird das Balancieren zu einem Staffellauf.

167    Fußtaststraße

168    Blinde Seiltänzerin

| | |
|---|---|
| **169    Blinde Post** | **170    Wörter ertasten** |

169    Blinde Post

Alter: 10-18                    Dauer: 10-15 min.

Spieler: 8-20                    Ort: drinnen

Material: Stühle, 8-20 Augenbinden

Wir stellen die Stühle in einer Reihe hintereinander auf und alle setzen sich hin. Der Spielleiter verbindet allen Spielern die Augen. Dann zeichnet er mit dem Finger auf dem Rücken des hintersten Spielers der Reihe einen Gegenstand oder eine Zahl. Der Spieler versucht, zu erfühlen, was es ist und zeichnet dieselbe Figur auf den Rücken des vor ihm Sitzenden. Dies wird solange fortgesetzt, bis die „Post" den vordersten Spieler der Stuhlreihe erreicht. Kann er dem Spielleiter den richtigen Gegenstand bzw. die Zahl nennen?

Variante: Anstatt mit Zahlen oder Buchstaben, kann Blinde Post auch mit Posen gespielt werden. Alle Spieler stellen sich nebeneinander auf und lassen sich die Augen verbinden. Der erste Spieler in der Reihe nimmt eine beliebige Pose ein, die der zweite Spieler ertasten muss. Er ahmt dann diese Pose so exakt wie möglich nach. Dann kann der dritte Spieler die Pose ertasten usw. Stimmt am Ende die Pose des ersten und des letzten Spielers überein? (siehe auch 158)

170    Wörter ertasten

Alter: 12-21                    Dauer: 20-30 min.

Spieler: 4-10                    Ort: drinnen, draußen, Turnhalle

Material: 1 Augenbinde

Der Spielleiter verbindet einer Spielerin die Augen. Dann flüstert er jeder sehenden Spielerin einen Buchstaben ins Ohr. Diese Buchstaben müssen zusammen ein Wort ergeben. Anschließend verteilen sich die Spielerinnen auf der Spielfläche, und die „Blinde" macht sich auf die Suche nach ihnen. Findet sie jemanden, zeichnet diese Spielerin ihren Buchstaben mit dem Finger in die Handfläche der „Blinden". Diese merkt sich den Buchstaben und wo er sich ungefähr auf der Spielfläche befindet. So findet sie mit der Zeit das Wort heraus. Dann kann sich die „Blinde" daran machen, die Spielerinnen so in einer Reihe aufzustellen, dass sich ihre Buchstaben zum Wort ergänzen. Ist sie damit fertig, nennen die Spielerinnen von links nach rechts ihren Buchstaben. Ergibt sich daraus tatsächlich das gesuchte Wort?

Hinweis: Während des Spiels darf nicht gesprochen werden. Der Spielleiter darf keinen Buchstaben doppelt vergeben, d.h. Wörter mit zwei oder mehr gleichen Buchstaben sind nicht möglich. Je mehr Spieler teilnehmen, desto schwieriger wird es für die „blinde" Spielerin.

| | |
|---|---|
| **171 Finde deine Gruppe** | **172 Bäume ertasten** |
| Alter: 12-21      Dauer: 20-30 min. | Alter: 10-21      Dauer: 30-60 min. |
| Spieler: 12-30      Ort: drinnen | Spieler: 2      Ort: Wald |
| Material: 1 Augenbinde | Material: 1 Augenbinde |

171 Finde deine Gruppe

Alter: 12-21　　　　Dauer: 20-30 min.

Spieler: 12-30　　　　Ort: drinnen

Material: 1 Augenbinde

Die Spieler bilden Dreiergruppen. Dann setzen sich alle in einen Stuhlkreis. Ein Spieler kommt in die Mitte. Der Spielleiter verbindet ihm die Augen und dreht ihn ein paar Mal um die eigene Achse. Dann tastet der „blinde" Spieler im Uhrzeigersinn alle anderen Spieler nacheinander ab. Wenn er glaubt, einen Spieler aus seiner Gruppe gefunden zu haben, meldet er das dem Spielleiter und der betreffende Spieler steht auf. Wenn der „Blinde" auch das zweite Gruppenmitglied richtig ermittelt hat, nimmt ihm der Spielleiter die Augenbinde ab. Ansonsten muss der „blinde" Spieler seine Auswahl nochmal überprüfen.

Hinweis: Die Spieler dürfen sich nicht an der Stimme verraten.

172 Bäume ertasten

Alter: 10-21　　　　Dauer: 30-60 min.

Spieler: 2　　　　Ort: Wald

Material: 1 Augenbinde

Es werden Paare gebildet. Eine Partnerin bekommt die Augenbinde angelegt und wird einige Male im Kreise gedreht. Die Sehende führt ihre „blinde" Partnerin kreuz und quer durch den Wald zu einem Baum. Diesen darf die „Blinde" nun mit den ihr zur Verfügung stehenden Sinnen erkunden. Wie fühlt sich die Rinde an? Wie riecht sie? Hört man das Rascheln der Blätter und das Knacken der Äste? Wo sind Wurzeln zu finden? Nach einigen Minuten wird die „Blinde" von ihrer Partnerin auf Umwegen wieder zum Ausgangspunkt zurückgeführt. Dort wird die Augenbinde abgenommen. Kann die Spielerin den „blind" erkundeten Baum nun sehend wiederfinden?

173 Fühlspiel für draußen

Alter: 10-16　　　　Dauer: 20-30 Minuten

Spieler: 2　　　　Ort: im Wald oder im Garten

Material: 1 Augenbinde

Eine Spielerin sammelt Naturmaterialien aus der Umgebung (z.B. Blätter, Tannenzapfen, Moos, Stein, Ast usw.) und gibt sie nacheinander der anderen Spielerin in die Hand. Diese hat die Augen verbunden und soll alle Gegenstände ertasten und genau beschreiben.

Variante: Nach dem Spiel darf sich die Spielerin mit offenen Augen auf die Suche machen, um herauszufinden, wo die Naturmaterialien wohl aufgesammelt wurden.

174 Fleißige Ameisen

Alter: 10-18　　　　Dauer: 20 min.

Spieler: 10-20　　　　Ort: Turnhalle

Material: 20 Bälle in verschiedener Größe, Augenbinden

An zwei gegenüberliegenden Wänden der Halle wird je eine Matte platziert. Die Gruppe teilt sich in zwei gleichgroße Mannschaften auf, denen je eine Matte zugeordnet wird. Der Spielleiter verteilt auf der Spielfläche 20 Bälle verschiedener Größe und aus verschiedenem Material. Dann verbindet er den Spielern die Augen. Sie sollen nun „blind" die Bälle suchen und ertasten. Wer einen Tennisball findet, nimmt ihn mit zur eigenen Matte und legt ihn dort ab. Welche Mannschaft hat am Ende die meisten Tennisbälle gesammelt?

Hinweis: Es kann passieren, dass die „Ameisen" die Orientierung verlieren und den Ball auf der falschen Matte ablegen. Diese Bälle zählen dann für den Gegner. Für jeden Ball, bei dem es sich nicht um einen Tennisball handelt, gibt es einen Minuspunkt.

| 175 Alphabet | 176 Fühl-Geschichte |
|---|---|
| Alter: 12-21     Dauer: 20-30 min. | Alter: 10-16     Dauer: 10-20 min. |
| Spieler: 5-15     Ort: drinnen, draußen, Turnhalle | Spieler: 5-8     Ort: drinnen |
| Material: 1 Augenbinde | Material: 15 Gegenstände, Augenbinden |
| Einer Spielerin werden die Augen verbunden. Alle anderen stellen sich in einer Reihe nebeneinander auf. Die „blinde" Spielerin tastet einen nach dem anderen ab und versucht, die Reihe nach den Anfangsbuchstaben der Vornamen neu zu ordnen.<br><br>Hinweis: Das Spiel fördert nicht nur Tastsinn und Sensibilität, sondern ist auch ein gutes Kennenlernspiel. Es können auch andere Ordnungskriterien vorgegeben werden, z.B. das Alter. | Alle Spielerinnen sitzen mit verbundenen Augen am Tisch und nehmen ihre Hände hinter den Rücken. Legen Sie 15 verschiedene Gegenstände auf den Tisch, die zunächst nicht angefasst werden dürfen. Dann erzählen Sie eine kleine Geschichte. Danach dürfen die Spielerinnen ihre Hände wieder benutzen und die Gegenstände abtasten. Wer findet die meisten Objekte, die in der Geschichte vorgekommen sind? Für aufgesammelte Gegenstände, die nicht vorgekommen sind, gibt es Punktabzug. |
| 177 Ich fühle was, das du nicht siehst | 178 Indirektes Tasten |
| Alter: 10-20     Dauer: 10-15 min. | Alter: 8-18     Dauer: 10-20 min. |
| Spieler: 2     Ort: drinnen | Spieler: 2-10     Ort: drinnen |
| Material: 10 Gegenstände, 2 Augenbinden | Materialien: 10 Gegenstände, 2 Kochlöffel, 1 Augenbinde |
| Zwei Spieler sitzen einander mit verbundenen Augen am Tisch gegenüber. Geben Sie einem der beiden einen Gegenstand in die Hand. Er tastet ihn sorgfältig ab und beschreibt seine Sinneseindrücke dem gegenüber sitzenden Spieler. Dieser soll den Gegenstand erraten. Dabei darf der tastende Spieler selbstverständlich nicht sagen, was er in der Hand hält und auch keine anderen Informationen über den Gegenstand preisgeben als das, was er fühlen kann.<br><br>Variante: Der ratende Spieler muss den Gegenstand aus einem Beutel mit den 9 anderen Objekten herausfischen. | Verbinden Sie einer Spielerin die Augen, und geben Sie ihr zwei Kochlöffel in die Hände. Dann legen Sie 10 verschiedene Gegenstände auf den Tisch. Die „blinde" Spielerin tastet die Objekte vorsichtig mit den Kochlöffeln ab und versucht, sie zu erkennen. Nach etwas Übung kann die „blinde" Spielerin versuchen, Personen mit den Kochlöffeln zu ertasten. |

172     Bäume ertasten

| 179 | Detektive |
|---|---|
| Alter: 12-21 | Dauer: 20 min. |
| Spieler: 10-20 draußen, Turnhalle | Ort: drinnen, |
| Material: 2 Augenbinden | |

Wir bilden einen Kreis. Zwei Spielerinnen kommen in die Mitte. Der Spielleiter verbindet ihnen die Augen und dreht sie einige Male um die eigene Achse. Dann gibt er beiden die Aufgabe, eine Person im Kreis mit einem besonderen Merkmal ausfindig zu machen. Zum Beispiel: „Finde eine Person, die ein Kleid trägt", „Finde eine Person mit einem Ohrring" usw. Die „blinden" Spielerinnen begeben sich auf die Suche und tasten die anderen Spielerinnen ab, bis sie eine Person mit dem gesuchten Merkmal gefunden haben.

Hinweis: Je mehr Personen im Kreis dieses Merkmal haben, desto einfacher wird es. Je weniger es haben, desto schwieriger.

| 180 | Mit Händen und Füßen |
|---|---|
| Alter: 12-18 | Dauer: 10 min. |
| Spieler: 3 draußen | Ort: drinnen oder |
| Material: 1 große Schüssel, 20 Tastobjekte, 2 Augenbinden | |

Zwei Spielerinnen sitzen einander mit verbundenen Augen gegenüber. Der Spielleiter gibt beiden nacheinander einen Gegenstand zum Abtasten in die Hand. Dann legt er den Gegenstand in eine große Schüssel, in der sich ca. 20 andere Tastobjekte befinden. Beide Spielerinnen dürfen nun ihre Füße in die Schüssel stecken und die Gegenstände barfuß abtasten. Wer zuerst den zuvor mit den Händen abgetasteten Gegenstand findet und ihn mit den Füßen herausangelt, gewinnt.

Variante: Es müssen Gegenstände identifiziert werden, die aus demselben Material bestehen, aber nicht in der Form identisch sind.

| 181 | Tasche packen |
|---|---|
| Alter: 10-20 | Dauer: 10-20 min. |
| Spieler: 2 | Ort: drinnen |
| Material: 20-30 verschiedene Kleidungsstücke, 1 Tasche, 1 Stoppuhr, 1 Augenbinde | |

Lege 20 bis 30 verschiedene Kleidungsstücke durcheinander gemischt auf einem großen Tisch oder verstreut auf dem Boden aus. Verbinde deiner Partnerin die Augen und gib ihr eine Reisetasche in die Hand. Sage ihr, dass sie für eine bestimmte Reise (Strandurlaub, Skiurlaub, Kreuzfahrt etc.) packen muss. Deine Partnerin hat drei Minuten Zeit, die Kleidungsstücke zu ertasten und 10 von ihnen, die sich für die jeweilige Reise eignen, in die Tasche zu packen. Überprüfe nach Ablauf der Zeit den Inhalt der Tasche. Dann werden für den nächsten Durchgang die Rollen getauscht.

| 182 | Tastmemory im Kreis |
|---|---|
| Alter: 10-16 | Dauer: 15-20 min. |
| Spieler: 10-15 | Ort: drinnen |
| Material: Augenbinden, verschiedene Tastobjekte | |

Wir sitzen im Stuhlkreis. Der Spielleiter verbindet uns die Augen und setzt sich dazu. Er hat etwa 20 verschiedene Tastobjekte mitgebracht, die er nacheinander herumgibt. Wir tasten die Gegenstände ab und geben sie im Uhrzeigersinn weiter. Aber nur mit einer Hand. Die andere nehmen wir auf den Rücken. Irgendwann gibt der Spielleiter ein Objekt in den Kreis, das schon einmal herumgegeben wurde. Wer dies erkennt, hebt die Hand, nachdem er den Gegenstand weitergegeben hat.

Hinweis: Während des Spiels müssen alle ganz leise sein!

# Tastscheiben basteln

Für Tastspiele mit Händen und Füßen können Tastscheiben gebastelt werden. Dazu schneiden Sie aus dicker Pappe etwa 30 gleichgroße Scheiben mit einem Durchmesser von 10 Zentimetern aus. Die Oberflächen der Tastscheiben können Sie mit verschiedenen Materialien bekleben, z.B. Filz, Styropor, Sand, Schmirgelpapier, Wollfäden, Blätter, Moos, Folie usw. Barfuß und mit verbundenen Augen ertastet das Kind die Scheiben. Es soll die Materialien beschreiben und wiedererkennen sowie die Scheiben entsprechend ihrer Oberflächenstruktur ordnen. In Sportgeschäften gibt es fertige Tastscheiben aus Gummi mit geometrischen Symbolen zu kaufen. Sie sind zwar nicht billig, eignen sich aber hervorragend für Memory-Spiele und das Ertasten von Formen.

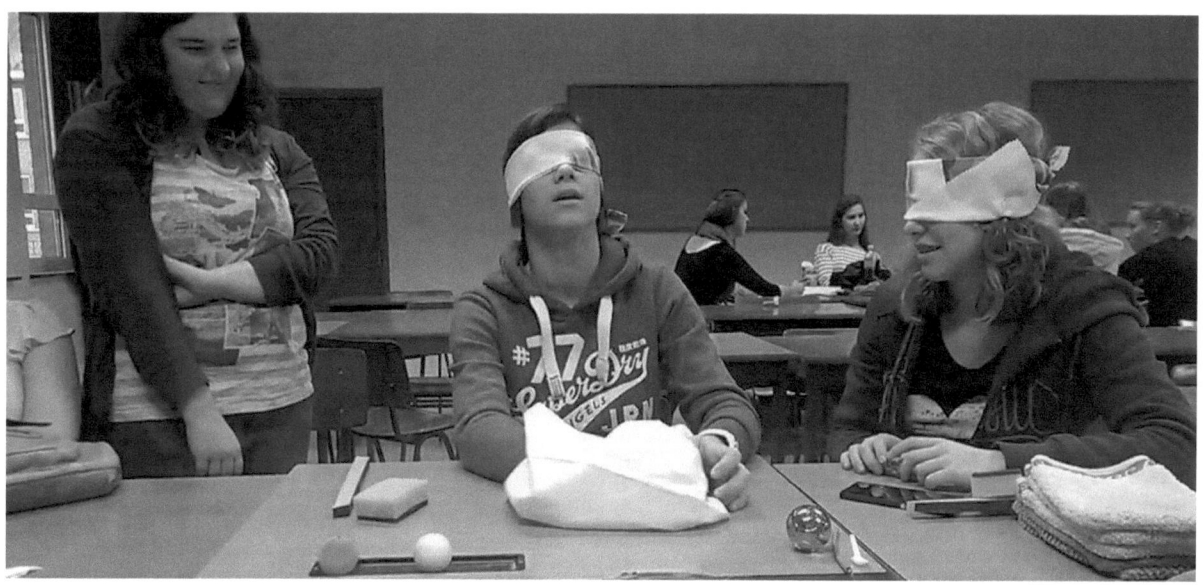

177     Ich fühle was, das du nicht siehst

| 183     Krimskrams-Fühlen | 184     Tastlotto |
|---|---|
| Alter: 10-16          Dauer: 20-30 min. | Alter: 10-20          Dauer: 20 min. |
| Spieler: 3-5          Ort: drinnen | Spieler: 5-15          Ort: drinnen |

Material: Augenbinden, Dosen, verschiedene Tastobjekte

Die Spielleiterin füllt mehrere Dosen mit je 10 kleinen Tastobjekten (z.B. Radiergummi, Fingerhut, Würfel, Pinsel, Tischtennisball usw.). Die Spielerinnen sitzen rund um den Tisch, jede erhält Stift und Papier. Dann verbindet die Spielleiterin allen Spielerinnen die Augen. Jede erhält nun eine der Dosen. Die Spielerinnen dürfen hineingreifen, um die Gegenstände mit den Fingern zu ertasten. Die Objekte dürfen allerdings nicht herausgenommen werden. Die Spielerinnen schreiben auf, welche Gegenstände sie erfühlt haben. Nach Ablauf der Spielzeit, überprüft die Spielleiterin, ob die Liste mit den Gegenständen aus der Dose übereinstimmt. Für jedes erkannte Objekt wird ein Punkt notiert. Dann werden die Dosen im Uhrzeigersinn weitergegeben, so dass jede Spielerin eine neue erhält und das Spiel weitergehen kann. Welche Spielerin erzielt beim Krimskrams-Fühlen die meisten Punkte?

Variante: Die Dosen werden nicht weitergegeben. Die Spielleiterin tauscht lediglich jeweils einen Gegenstand aus. In der nächsten Runde müssen die Spielerinnen herausfinden, welcher Gegenstand fehlt und welcher neu hinzugekommen ist.

Material: 1 Augenbinde, Zettel

Es wird ein Kreis gebildet. Eine Spielerin begibt sich in die Mitte und lässt sich die Augen verbinden. Jede andere Spielerin zieht ein Los, auf dem ein Körperteil steht. (z.B. Hände, Arme, Gesicht, Füße, Beine usw.) Dann dreht die Spielleiterin die „blinde" Spielerin ein paar Mal um die eigene Achse und führt sie zu einer Spielerin aus dem Kreis. Sie gibt der Spielleiterin ihr Los und die liest vor, welcher Körperteil darauf steht. Die „blinde" Spielerin soll nun die ihr Gegenüberstehende durch Abtasten erkennen, wobei sie nur den genannten Körperteil berühren darf.

| 185 | Becher stapeln |
|---|---|
| Alter: 10-20 | Dauer: 10-20 min. |
| Spieler: 2-8 | Ort: drinnen |

Material: 20 Pappbecher, 1 Stoppuhr, 1 Augenbinde

Ein Spieler sitzt mit verbundenen Augen am Tisch. Er bekommt die Aufgabe, möglichst schnell 20 Pappbecher zu einer Pyramide aufzustapeln. Die anderen Spieler dürfen ihm dabei durch Zurufe helfen, die Becher aber nicht berühren.

| 186 | Erbsen und Linsen |
|---|---|
| Alter: 10-16 | Dauer: 10 min. |
| Spieler: 2-4 | Ort: drinnen |

Material: rohe Erbsen und Linsen, 1 Stoppuhr, Becher, Augenbinden

Verteilen Sie rohe Erbsen und Linsen gut durchmischt auf dem Boden. Verbinden Sie jedem Kind die Augen und geben ihm einen Becher in die Hand. Nach dem Startsignal haben alle fünf Minuten Zeit, so viele Erbsen in den eigenen Becher zu sammeln wie möglich. Allerdings dürfen keine Linsen gesammelt werden. Nach Ablauf der Zeit gibt es für jede Erbse einen Punkt und für jede Linse einen Punktabzug.

Hinweis: Besprechen Sie vor dem Spiel mit den Kindern, wie man Erbsen und Linsen an Form, Größe und Gewicht unterscheiden kann.

| 187 | Woher ist es? |
|---|---|
| Alter: 10-16 | Dauer: 10-15 min. |
| Spieler: 2 | Ort: drinnen |

Material: 4 Gegenstände aus verschiedenen Räumen, 1 Augenbinde

Verbinden Sie dem Kind die Augen und drehen es einige Male im Kreis, damit es die Orientierung verliert. Dann geben Sie ihm nacheinander vier Gegenstände in die Hand, die sie aus vier verschiedenen Räumen geholt haben. Das Kind ertastet die Dinge, benennt sie und soll sagen, aus welchen Räumen sie stammen. Danach soll das Kind alle vier Gegenstände dorthin zurückbringen, wohin sie gehören.

Hinweis: Geben Sie dem Kind vor dem Spiel etwas Zeit, sich in der Wohnung umzusehen.

| 188 | Tauchgang |
|---|---|
| Alter: 8-18 | Dauer: 10-15 min. |
| Spieler: 2-8 | Ort: drinnen, Turnhalle |

Material: 20 verschiedene Objekte, Augenbinden

Während Sie das Spiel vorbereiten, warten die Spielerinnen vor der Tür. Verteilen Sie 20 verschiedene Gegenstände kreuz und quer auf dem Boden, ruhig auch ein bisschen versteckt. Einige von ihnen sind leicht (z.B. ein Tennisball), andere schwer (z.B. ein Stein). Bereiten Sie nun die Spielerinnen auf den „Tauchgang" vor: Sie sollen den Meeresgrund absuchen, dabei aber nur die leichten Gegenstände einsammeln. Natürlich ist es auf dem Meeresgrund stockdunkel. Daher binden Sie jeder Spielerin ein Tuch vor die Augen, so dass sie nichts mehr sehen kann. Führen Sie die „Taucher" in den Raum und drehen Sie sie einige Male um die eigene Achse. Die Spielerinnen bewegen sich danach „blind" auf allen Vieren über den Boden und machen sich auf die Suche nach den Gegenständen. Nach 10 Minuten tauchen sie wieder auf. Nehmen Sie die Augenbinden ab und zählen die eingesammelten Gegenstände. Für schwere Gegenstände gibt es einen Minuspunkt.

| 189 Geometrische Führung | 190 Wie viele Hände? |
|---|---|
| Alter: 12-20     Dauer: 10 min. | Alter: 10-20     Dauer: 10 min. |
| Spieler: 2     Ort: draußen, Turnhalle | Spieler: 5-8     Ort: drinnen, draußen, Turnhalle |
| Material: 1-2 lange Seile, 1 Augenbinde | Material: 1 Augenbinde |
| Verbinde deiner Partnerin die Augen und drehe sie einige Male im Kreis. Dann legst du aus einem oder zwei Seilen eine geometrische Form (Kreis, Dreieck, Quadrat etc.) auf dem Boden aus. Anschließend nimmst du deine „blinde" Partnerin an die Hand und führst sie entlang des Seils. Kann sie die geometrische Form erkennen? Das Spiel funktioniert auch mit Nummern und Buchstaben. | Eine Spielerin lässt sich die Augen verbinden und nimmt ihre Hände auf den Rücken. Alle anderen stellen sich in einem engen Kreis um sie herum. Dann legen einige sanft ihre Hände auf den Körper der „blinden" Spielerin. Diese soll erfühlen, von wie vielen Händen sie berührt wird. |

| 191 Buchstabensalat | 192 Geld zählen |
|---|---|
| Alter: 10-20     Dauer: 10-20 min. | Alter: 10-16     Dauer: 10 min. |
| Spieler: 3     Ort: drinnen | Spieler: 2-4     Ort: drinnen |
| Material: Pappe, 1 Schere, 2 Augenbinden | Material: 30-40 Geldstücke, Augenbinden |
| Für dieses Spiel müssen Sie zuerst etwas basteln. Schneiden Sie aus dicker Pappe 30 bis 40 Buchstaben aus. Diese legen Sie auf den Tisch und mischen sie gut durch. Binden Sie zwei Spielerinnen Tücher vor die Augen und setzen beide einander gegenüber an den Tisch. Nennen Sie nun ein beliebiges Wort. Die „blinden" Spielerinnen suchen tastend nach den erforderlichen Buchstaben, um das Wort vor sich auf den Tisch zu legen. Wem dies zuerst gelingt, erhält einen Punkt. Dann werden die Buschstaben wieder durchgemischt, und Sie nennen ein neues Wort.<br><br>Hinweis: Beginnen Sie zur Eingewöhnung mit kurzen Wörtern und steigern dann den Schwierigkeitsgrad zu langen Wörtern bis hin zu ganzen Sätzen. | Während die Spieler vor der Tür warten, legen Sie auf der Spielfläche 30 bis 40 Münzen aus. Nennen Sie den Spielern eine bestimmte Summe, die sie sich aus den verstreuten Münzen zusammensuchen müssen. Natürlich mit einem kleinen Handicap: Verbinden Sie den Spielern die Augen, bevor Sie sie in den Raum führen. Dort bewegen sich die Spieler auf allen Vieren über den Boden, suchen nach den Münzen, ertasten sie und sammeln sie gegebenenfalls auf. Wer hat nach fünf Minuten die genannte Summe exakt zusammenbekommen? |

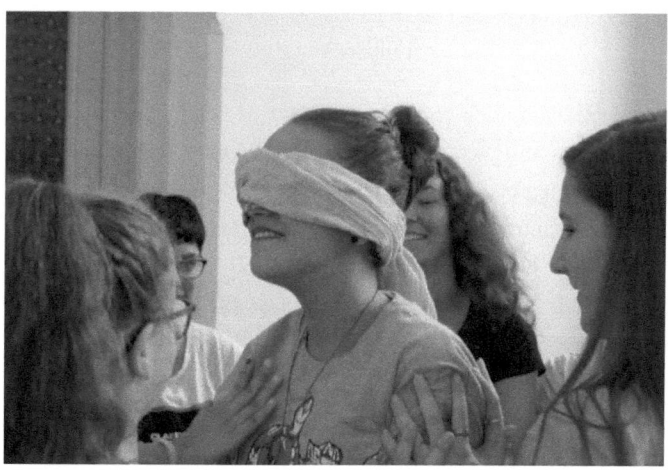

190     Wie viele Hände?

# Experimente: Kann man den Tastsinn austricksen?

## Wie genau ist der Tastsinn?

Klebe zwei Bleistifte mit Klebeband zusammen, so dass sich die beiden Spitzen auf gleicher Höhe befinden. Verbinde deiner Partnerin die Augen. Streiche nun mit den Bleistiften vorsichtig über ihre Haut, mal mit beiden Spitzen, mal nur mit einer Spitze. Wiederhole es an verschiedenen Körperstellen, wie Handfläche, Lippen, Ellenbugen, Wangen, Rücken und Füße. Erkennt deine Partnerin, ob sie mit einer oder mit zwei Spitzen berührt wurde? An welchen Körperstellen funktioniert der Tastsinn gut, an welchen weniger gut?

## Heiß oder kalt?

Dein Partner füllt drei Schüsseln mit Wasser. In einer befindet sich heißes, in einer kaltes und in einer warmes Wasser. Dein Partner verbindet dir die Augen. Er taucht deine Hände gleichzeitig eine Minute lang in die Schüsseln – eine Hand in das heiße und eine Hand in das kalte Wasser. Anschließend werden beide Hände in die Schüssel mit warmem Wasser getaucht. Nun schätze für jede Schüssel die Temperatur des Wassers ab.

## Welches Material?

Sammle für dieses Spiel 10 verschiedene Gegenstände. Drei von ihnen sollten aus demselben Material hergestellt sein, sich ansonsten aber in Form, Größe und Verarbeitung unterscheiden. Verbinde deiner Partnerin die Augen. Gib ihr die Gegenstände nacheinander zum Abtasten in die Hand. Kann sie die drei Objekte bestimmen, die aus demselben Material bestehen?

## Illusion am Ellenbogen

Verbinde deiner Partnerin die Augen. Sie streckt ihren Arm aus, so dass Unter- und Oberarm eine horizontale Ebene bilden. Lege eine Hand unter die Hand deiner Partnerin und streiche mit dem Zeigefinger deiner anderen Hand langsam über den Unterarm der Versuchsperson. Kann sie sagen, wann du den Ellenbogen erreicht hast?

## Fühlsocken

Können wir Gegenstände auch dann noch ertasten, wenn wir sie nicht direkt in die Hand nehmen? Dein Partner füllt einen alten Socken mit verschiedenen Gegenständen (Kronkorken, Erbsen, Reis, Sand, Steinchen, Radiergummi, Kastanien etc.) und bindet ihn zu. Dann verbindet er dir die Augen und gibt dir den Fühlsocken in die Hand. Kannst du alle Gegenstände ertasten? Anschließend wiederholt ihr das Experiment mit den Füßen. Dafür befüllt dein Partner den Fühlsocken mit neuen Gegenständen und legt ihn auf den Boden. Ziehe Schuhe und Strümpfe aus und lass dir die Augen verbinden. Kannst du den Inhalt des Sockens mit den Füßen ertasten?

# Riechen und Schmecken

195     Mund auf, Augen zu!

| 193     Gerüche raten | 194     Geruchsmemory |
|---|---|
| Alter: 8-18               Dauer: 10-20 min. | Alter: 10-18               Dauer: 15-20 min. |
| Spieler: 2               Ort: drinnen | Spieler: 2               Ort: drinnen |
| Material: verschiedene duftende Materialien, 1 Augenbinde | Material: 10 Filmdöschen, verschiedene duftende Materialien, 1 Augenbinde |
| Eine Spielerin sitzt mit verbundenen Augen am Tisch. Die andere hält ihr nacheinander verschiedene Geruchsproben unter die Nase, die sie erschnuppern soll. Zum Beispiel Seife, Parfüm, Paprika, Muskat, Essig, Vanille, Kaffee usw. | Es werden 10 Filmdöschen mit verschiedenen duftenden Materialien befüllt, wobei man in je zwei Döschen dasselbe hineingibt. Dann werden die Döschen auf dem Tisch verteilt und gut durchgemischt. Die beiden Spieler sitzen einander gegenüber. Einer verbindet sich die Augen, nimmt ein Döschen vom Tisch, öffnet es und schnuppert am Inhalt. Dann schließt er das Döschen wieder und stellt es an dieselbe Stelle zurück. Den Vorgang darf er mit einem zweiten Döschen wiederholen. Anschließend ist der andere Spieler an der Reihe. Wer in seiner Runde zwei Döschen mit demselben Duft findet, bekommt einen Punkt. Die beiden betreffenden Döschen werden vom Tisch genommen. Wer hat die feinste Nase? |
| Hinweis: Wählen Sie für Geruchs- und Geschmacksspiele Lebensmittel aus, die einen eindeutigen und charakteristischen Duft und Geschmack haben. Die Spieler/innen dürfen die Proben zuvor nicht sehen. Vermeiden Sie Geruchs- und Geschmacksproben, die als unangenehm empfunden werden könnten. Beim Füttern und unter die Nase halten behutsam vorgehen. | Hinweis: Für den reibungslosen Ablauf braucht man eventuell einen Schiedsrichter. Um das Spiel schwieriger zu machen, kann die Anzahl der Filmdöschen erhöht werden. |

| 195 | Mund auf, Augen zu! |
|---|---|
| Alter: 10-21 | Dauer: 10-20 min. |
| Spieler: 2 | Ort: drinnen |

Material: verschiedene Lebensmittel, Löffel, 1 Augenbinde

Eine Spielerin lässt sich die Augen verbinden. Die Sehende bereitet auf Löffeln Geschmacksproben vor. Zum Beispiel Apfelstücke, Birnenstücke, Nutella, Mehl, Paprikastücke, Jogurt, Pudding usw. Der „blinden" Spielerin werden nun die Geschmacksproben nacheinander in den Mund geschoben. Was kann sie am Geschmack erkennen?

Hinweis: Der Spielerin die Nase zuhalten, um den Geruchssinn auszuschalten!

| 196 | Geschmackskim |
|---|---|
| Alter: 10-18 | Dauer: 20 min. |
| Spieler: 2-10 | Ort: drinnen |

Material: verschiedene Lebensmittel, Augenbinden

Alle Spielerinnen haben die Augen verbunden. Der Spielleiter füttert sie nacheinander und reihum mit verschiedenen Lebensmittelproben. (z.B. Apfelstücke, Birnenstücke, Nutella, Mehl, Paprikastücke, Jogurt, Pudding usw.) Die Spielerinnen versuchen, die Dinge am Geschmack zu erkennen und sie sich zu merken. Können die Spielerinnen nach dem Füttern aufzählen, was sie in welcher Reihenfolge zum Probieren bekommen haben?

| 197 | Immer der Nase nach |
|---|---|
| Alter: 10-18 | Dauer: 20-30 min. |
| Spieler: 2-20 | Ort: draußen |

Material: 1 Leine, 15 Duftsäckchen, Augenbinden

Über das Spielfeld wird eine Leine in Schulterhöhe gespannt. An der Leine werden 15 Duftsäckchen verschiedener Duftrichtungen befestigt. Die Spieler bekommen die Auen verbunden. Sie tasten sich an der Leine entlang. Wenn sie ein Duftsäckchen finden, schnuppern sie daran und versuchen, den Duft zu erkennen. Dann tasten sie sich zum nächsten Säckchen weiter bis sie am Ende der Leine ankommen.

| 198 | Seltsame Mischung |
|---|---|
| Alter: 10-21 | Dauer: 10-20 min. |
| Spieler: 2 | Ort: drinnen |

Material: Geschmacksproben, 1 Augenbinde

Ein Spieler sitzt mit verbundenen Augen am Tisch. Der andere stellt aus Lebensmitteln verschiedene Geschmacksproben zusammen, wobei er zwei oder drei Dinge auf einem Löffel mischt. (z.B. Apfelstück, Zitronensäure, Butter) Dann wird der „blinde" Spieler mit den Geschmacksproben gefüttert. Kann er die verschiedenen Dinge am Geschmack erkennen und auseinanderhalten.

| 199 | Gewürze schmecken |
|---|---|
| Alter: 10-18 | Dauer: 10-20 min. |
| Spieler: 2-4 | Ort: drinnen |

Material: 10 Gewürze, 10 Schälchen, 1 Augenbinde

Füllen Sie 10 Schälchen mit verschiedenen Gewürzen (Salz, Zucker, Muskat, Curry, Basilikum, Pfeffer usw.). Verbinden Sie einer Spielerin die Augen. Sie stippt ihren Zeigefinger nacheinander in die Schälchen und leckt ihn ab. Sie soll den Geschmack beschreiben und die Gewürze benennen. Verändern Sie die Position der Schälchen für den zweiten Durchgang, und geben Sie der Spielerin nun die Aufgabe, die Gewürze nach Geschmacksrichtungen (salzig, süß, bitter, scharf) zu ordnen. Dabei können auch zwei oder drei Spielerinnen zusammenarbeiten.

Hinweis: Geben Sie der Spielerin nach jedem Probieren einen Schluck Wasser zum Neutralisieren des Geschmacks.

| 200 | Gummibärchen erkennen |
|---|---|
| Alter: 8-18 | Dauer: 10 min. |
| Spieler: 2 | Ort: drinnen |

Material: Gummibärchen, 1 Augenbinde

Ein Spiel zum Naschen. Gummibärchen gibt es traditionell in vier verschiedenen Farben: Rot, Grün, Gelb und Weiß. Kann man diese Farben am Geschmack unterscheiden? Verbinden Sie einem Kind die Augen, und geben Sie ihm nacheinander Gummibärchen in verschiedenen Farben in den Mund. Es soll versuchen, Geschmacksunterschiede zu benennen und die Farben zu erraten.

Hinweis: Gummibärchen eignen sich besonders gut, weil alle dieselbe Form und Größe haben. Deshalb gibt es keine zusätzlichen taktilen Hinweise, und die Wahrnehmung bleibt allein auf den Geschmack konzentriert.

| 201 Duftlabyrinth | 202 Früchte raten |
|---|---|
| Alter: 10-16     Dauer: 15-20 min. | Alter: 10-20     Dauer: 10-15 min. |
| Spieler: 4-10     Ort: drinnen, Turnhalle | Spieler: 2     Ort: drinnen |
| Material: Duftsäckchen, Klebeband, Augenbinden | Material: verschiedene Früchte, 1 Augenbinde |
| Während die Spielerinnen vor der Tür warten, markieren wir auf dem Boden mit Klebeband einen Parcours mit mehreren Abzweigungen und Sackgassen. An jeder Abzweigung platzieren wir ein Duftsäckchen, wobei jeder Duft eine Richtung vorgibt. Zum Beispiel: Zitrone nach links, Vanille nach rechts, Himbeere geradeaus usw. Wir erklären den Spielerinnen die Zuordnung der Duftrichtungen. Dann verbinden wir ihnen die Augen und führen sie in den Raum. Dort tasten sie sich auf allen Vieren über das Klebeband. Kommen sie zu einer Abzweigung, müssen sie durch Riechen am Duftsäckchen erkennen, in welche Richtung es weitergeht. Wer in eine Sackgasse geraten ist, muss zur nächsten Kreuzung zurückkehren. | Bereiten Sie für dieses Spiel Geschmacksproben aus verschiedenen Früchten vor. (Apfel, Birne, Kirsche, Banane, Ananas usw.) Zerkleinern und quirlen Sie die Früchte so, dass man sie nicht mehr mit der Zunge ertasten kann. Der Spieler lässt sich die Augen verbinden und wird von Ihnen nacheinander mit den Geschmacksproben gefüttert. Er soll die Früchte benennen und den Geschmack beschreiben. Anschließend mischen Sie je zwei Geschmacksproben zusammen und füttern den „blinden" Spieler damit. Kann er beide Früchte wiedererkennen? Welcher Fruchtgeschmack dominiert? |
| Hinweis: Bei Augenverbinden darauf achten, dass die Nase frei bleibt! | |

# Experimente: Nicht nur das Auge isst mit!

Funktioniert das Schmecken ohne Fühlen und Riechen?

Für unser Experiment wählen wir verschiedene Sorten von Obst und Gemüse als Geschmacksprobe aus. Wie der Geschmackssinn mit den anderen Sinnen zusammenhängt könnt ihr herausfinden, wenn ihr den Geschmackstest unter erschwerten Bedingungen durchführt. Zuerst wird der Sehsinn ausgeschaltet, indem ihr der Versuchsperson eine Augenbinde anlegt. Doch diesmal soll auch der Tastsinn nicht mitspielen, deshalb zermahlt ihr die Geschmacksproben zu Brei, so dass die Zunge nicht mehr ertasten kann, worum es sich handelt. Dann wird der Geruchssinn aus dem Spiel genommen. Haltet der Versuchsperson die Nase zu, während ihr sie mit den Geschmacksproben füttert. Kann die Versuchsperson auch unter diesen erschwerten Bedingungen Obst und Gemüse am Geschmack erkennen?

Wie schmecken eigentlich Farben?

Fülle verschiedene Schälchen mit demselben Pudding. Dann vermenge den Inhalt jedes Schälchens mit einer anderen Lebensmittelfarbe: Rot, Grün, Blau, Schwarz usw. Nun binde deiner Partnerin ein Tuch vor die Augen. Füttere sie mit den verschieden farbigen Puddingproben. Erkennt sie einen Unterschied?

# Hören und Orientieren

204     Geräusch finden

---

| 203     Geräusche erraten | 204     Geräusch finden |
|---|---|
| Alter: 8-16      Dauer: 10-15 min. | Alter: 10-21      Dauer: 10 min. |
| Spieler: 2-10      Ort: drinnen | Spieler: 2-20      Ort: draußen, Turnhalle |
| Material: verschiedene Gegenstände, 2-10 Augenbinden | Material: 1 Rassel, Augenbinden |
| Verbinden Sie den Kindern die Augen. Erzeugen Sie an verschiedenen Stellen im Raum verschiedene Geräusche, z.B. Stecknadel fallenlassen, Fenster öffnen, Tür schließen usw. Die Kinder lauschen aufmerksam und versuchen, das Geräusch zu erraten. Wiederholen Sie das Geräusch, nachdem es erraten wurde. Nun sollen sich die Kinder „blind" auf die Geräuschquelle zubewegen. | Der Spielleiter verbindet allen Mitspielern die Augen und dreht sie ein paar Mal im Kreis. Dann entfernt er sich leise. Ab und zu erzeugt er mit einer Rassel oder durch Händeklatschen Geräusche. Die „blinden" Spieler lauschen und versuchen, den Spielleiter zu finden. |
| Hinweis: Erzeugen Sie relativ leise Geräusche. So lernen die Kinder, dass sie ganz ruhig sein müssen, um das Geräusch zu identifizieren und zu finden. | Hinweis: Bei jüngeren Spielern bleibt der Spielleiter an einem Punkt stehen. Bei älteren Spielern darf er sich frei im Raum bewegen. |

| 205 Ins Ziel summen | 206 Tierische Partnersuche |
|---|---|

**205    Ins Ziel summen**

Alter: 10-21                     Dauer: 10 min.

Spieler: 2-10                    Ort: draußen,
Turnhalle

Material: 1 Matte, 1 Augenbinde

Wir verbinden einer Spielerin die Augen und drehen sie ein paar Mal um die eigene Achse. Dann legen wir irgendwo auf dem Boden eine Matte aus. Die „blinde" Spielerin soll nun die Matte suchen und sich darauf stellen. Sie wird von allen anderen Spielern durch einen Summton geführt. Wird der Summton lauter, bewegt sich die „Blinde" auf das Ziel zu, wird der Ton leiser, entfernt sie sich von ihm. So kann sich unsere „Blinde" nach Gehör orientieren und die Matte finden.

Variante: Anstelle des Summens können auch Instrumente wie Triangel, Rassel oder Tamburin zum Einsatz kommen.

**206    Tierische Partnersuche**

Alter: 12-21                     Dauer: 20 min.

Spieler: 8-20                    Ort: draußen,
Turnhalle

Material: 8-20 Augenbinden

Es werden Paare gebildet. Jedes Paar sucht sich eine Tierstimme als Erkennungszeichen aus. (z.B. Frosch, Esel, Katze, Hund) Dann verbindet der Spielleiter allen Spielerinnen die Augen, führt sie auseinander und dreht sie einige Male im Kreis. Die Spielerinnen tasten sich „blind" über die Spielfläche und erzeugen dabei ihre Tierstimme. Auf diese Weise versuchen die Partnerinnen, sich wiederzufinden.

**207    Heulbojen**

Alter: 12-21                     Dauer: 20 min.

Spieler: 10-20                   Ort: Turnhalle

Material: 5-10 Augenbinden

Die Gruppe wird aufgeteilt. Die Hälfte der Teilnehmer spielt die „Heulbojen", die andere Hälfte die „Schiffe". Die Heulbojen stellen sich verteilt in der Halle auf. Die Schiffe versammeln sich an einer Wand und lassen sich die Augen verbinden. Mit ausgestreckten Händen gehen die Schiffe nun los, um die gegenüberliegende Wand zu erreichen. Wenn sich ein Schiff einer Heulboje nähert, gibt diese einen Warnton von sich. Schaffen es die Schiffe, die Wand zu erreichen, ohne mit einer Heulboje zusammen-zustoßen?

**208    Fledermaus und Motten**

Alter: 8-18                      Dauer: 20 min.

Spieler: 8-20                    Ort: draußen,
Turnhalle

Material: 1 Augenbinde

Es wird eine Fledermaus ausgewählt. Ihr werden die Augen verbunden, und sie wird einige Male im Kreis gedreht. Die anderen Spieler sind die „Motten" und verteilen sich auf der Spielfläche. Die Fledermaus bewegt sich „blind" über das Spielfeld und gibt Rufe von sich. Die Motten antworten mit einem „Piep". So kann sich die Fledermaus am Gehör orientieren und die Motten fangen. Wer gefangen wird, scheidet aus.

Variante: Wer gefangen wird, bekommt die Augen verbunden und wird selbst zur Fledermaus.

# Klangschnur

Spannen Sie etwa in Schulterhöhe eine Schnur von Baum zu Baum. Hängen Sie an der Schnur Klanginstrumente auf, z.B. Schellen, Kastagnetten, Tamburin, Triangel, Rassel. Verbinden Sie zwei Kindern die Augen. Eines hangelt sich am Seil entlang und sucht nach den Instrumenten. Wenn es eines findet, erzeugt es damit kurz einen Klang. Das zweite Kind soll raten, um welches Klanginstrument es sich handelt und in die Richtung zeigen, aus der der Klang kommt. Dieses und weitere Spiele mit der Klangschnur geben Kindern die Möglichkeit, Klanginstrumente ganzheitlich zu erfahren und das Richtungshören zu trainieren.

| 209 Blindes Sortieren | |
|---|---|
| Alter: 12-21 | Dauer: 20-30 min. |
| Spieler: 10-15 | Ort: draußen, Turnhalle |

Material: 10-15 Augenbinden

Alle Spielerinnen werden vom Spielleiter durchnummeriert und merken sich ihre Nummer. Danach werden den Spielerinnen die Augen mit Tüchern verbunden, und sie werden in einer Reihe aufgestellt. Und zwar durcheinander und nicht nach Nummern geordnet. Eine Spielerin erhält nun die Aufgabe, die Gruppe nach Nummern geordnet aufzustellen. Sie kann sich zu jeder Spielerin vortasten und sie auf die Schulter tippen. Wer angetippt wird, teilt seine Nummer durch Klatschen mit. Wer beispielsweise die Acht hat, klatscht acht Mal in die Hände. So kann die sortierende Spielerin herausbekommen, welche Nummer wo steht und die Gruppe entsprechend ordnen. Während des Spiels darf nicht gesprochen werden. Die Augenbinden dürfen erst abgenommen werden, wenn die sortierende Spielerin meint, die Gruppe richtig geordnet zu haben oder wenn das gesetzte Zeitlimit erreicht ist.

Hinweis: Das Spiel erfordert Geduld und Konzentration. Je mehr Teilnehmer, desto schwieriger wird es.

| 210 Signale erkennen | |
|---|---|
| Alter: 10-21 | Dauer: 20 min. |
| Spieler: 5-20 | Ort: Turnhalle |

Material: Augenbinden für alle Spieler

Vor dem Beginn des Spiels erklärt der Spielleiter die Bedeutung verschiedener Signale. Z.B. einmal Händeklatschen = auf den Bauch legen, zwei Mal Händeklatschen = hinsetzen, drei Mal Händeklatschen = auf den Rücken legen usw. Dann verteilen sich die Spieler in der Halle und lassen sich die Augen verbinden. Die Spieler lauschen auf die Signale des Spielleiters und versuchen, die richtige Bewegung auszuführen. Wer die falsche Bewegung macht, scheidet aus.

Hinweis: Das Verbinden der Augen sorgt dafür, dass man die Bewegung nicht einfach beim Mitspieler abschauen kann. Ältere Spieler agieren von Beginn an „blind", während jüngere Spieler die Bewegungssignale zuerst mit offenen Augen einüben dürfen.

| 211 Die Rattenfänger | |
|---|---|
| Alter: 10-21 | Dauer: 20-30 min. |
| Spieler: 10-20 | Ort: Turnhalle |

Material: 1 Triangel, 1 Tamburin, Augenbinden

Es werden zwei gleichgroße Gruppen gebildet. Die eine Gruppe hört auf eine Triangel, die andere auf ein Tamburin. Zwei Spieler sind die „Rattenfänger" und bekommen das jeweilige Instrument. Die anderen bewegen sich mit verbundenen Augen frei durch die Halle. Sie lauschen auf die Geräusche von Triangel und Tamburin und versuchen dem Instrument ihrer Gruppe „blind" zu folgen. Der eine Rattenfänger versucht, seine „Ratten" in die eine Ecke der Halle zu führen, der andere in die gegenüberliegende Ecke.

| 212 Lauschen und Fühlen | |
|---|---|
| Alter: 8-18 | Dauer: 15 min. |
| Spieler: 3 | Ort: drinnen |

Material: verschiedene Gegenstände, evtl. 1 Beutel, 3 Augenbinden

Drei Spielerinnen sitzen mit verbundenen Augen in der Mitte des Raumes. Sie entspannen sich und lauschen aufmerksam. Erzeugen Sie mit einem kleinen Gegenstand (Bleistift, Löffel, Kugelschreiber, Buch, Handfeger usw.) im Abstand von 20 Sekunden drei Mal ein Geräusch. Dann legen Sie jeder Spielerin einen Gegenstand in die Handfläche. Wer erkennt den Gegenstand, mit dem das Geräusch erzeugt wurde?

Hinweis: Die „blinden" Spielerinnen dürfen die Gegenstände nur passiv fühlen, nicht aktiv mit den Händen ertasten.

Variante: Die Spielerinnen fischen „blind" einen Gegenstand aus einem Beutel heraus und versuchen, mit ihm dasselbe Geräusch zu erzeugen, das sie zuvor gehört haben.

| 213 Wer hat das Glöckchen? | 214 Geisterstunde |
|---|---|

213    Wer hat das Glöckchen?

Alter: 8-21                                    Dauer: 10-20 min.

Spieler: 10-30                               Ort: drinnen,
Turnhalle

Material: 1 Glöckchen, 1 Augenbinde

Die Spieler bilden einen Kreis. Ein Spieler kommt in die Mitte, lässt sich die Augen verbinden und wird einige Male um die eigene Achse gedreht. Im Kreis wird nun ein Glöckchen herumgegeben und zwar so, dass sein Klang zu hören ist. Wenn der Spielleiter „Stopp" ruft, hören die Spieler mit der Weitergabe auf und lassen das Glöckchen auch nicht mehr erklingen. Der „blinde" Spieler soll nun auf die Person zeigen, die das Glöckchen in der Hand hält.

214    Geisterstunde

Alter: 8-16                                    Dauer: 15-20 min.

Spieler: 4-10                                 Ort: drinnen

Material: 2 Augenbinden, diverse Gegenstände

Zwei Spielerinnen bekommen die Augen verbunden und werden einige Male im Kreis gedreht. Die anderen Spielerinnen sind die „Geister". Eine von ihnen erzeugt irgendwo im Raum mit einem Gegenstand eine Minute lang ein Geräusch. Die „blinden" Spielerinnen lauschen aufmerksam und versuchen dann, die diesen Geist zu finden. Währenddessen dürfen die übrigen Geister die „blinden" Spielerinnen mit anderen Geräuschen ablenken. Wer findet zuerst die Geräuschquelle?

215    Klatschen und Suchen

Alter: 10-18                                  Dauer: 20 min.

Spieler: 5-30                                 Ort: draußen,
Turnhalle

Material: 1 Augenbinde

Die Spieler verteilen sich über die Spielfläche. In einiger Entfernung zur Spielfläche werden einem Spieler die Augen verbunden, und er wird einige Male im Kreis gedreht. Alle sehenden Spieler klatschen nun in die Hände. Der „Blinde" lauscht und macht sich auf die Suche nach den Spielern. Wer von ihm berührt wird, hört auf zu klatschen. Wenn niemand mehr klatscht, darf sich der „blinde" Spieler die Augenbinde abnehmen.

216    Nachts im Zoo

Alter: 10-18                                  Dauer: 20 min.

Spieler: 7-20                                 Ort: Turnhalle

Material: 1 Augenbinde

Eine Spielerin muss sich die Augen verbinden. Alle übrigen bilden Paare. Jedem Paar wird ein Tier zugeordnet. (z.B. Esel, Hund, Katze, Elefant usw.) Die Spieler bewegen sich frei über die Spielfläche und machen dabei den Laut ihres Tieres. Daran kann sich die „blinde" Spielerin orientieren. Denn sie hat nun die Aufgabe, die Paare wieder zusammen zu führen.

212    Lauschen und Fühlen

| 217 Nachtwanderung | |
|---|---|
| Alter: 12-21 | Dauer: 10-20 min. |
| Spieler: 8-20 | Ort: draußen, Turnhalle |

Material: Kreide, 1 Augenbinde

Auf dem Boden wird ein ca. ein Meter breiter und 20 Meter langer Weg aufgezeichnet. Die Spieler stellen sich entlang des Weges auf. Ein Spieler stellt sich an den Start, lässt sich die Augen verbinden und wird einige Male im Kreis gedreht. Er soll nun den Weg entlanggehen, ohne ihn zu verlassen. Wenn es den Anschein hat, dass der „blinde" Spieler vom Weg abkommt, machen die Spieler ein vereinbartes Geräusch. Wenn er wieder in die richtige Richtung geht, sind sie still.

| 218 Wecker suchen | |
|---|---|
| Alter: 10-21 | Dauer: 10-15 min. |
| Spieler: 3 | Ort: drinnen |

Material: 1 Wecker, 2 Augenbinden

Während zwei Spielerinnen vor der Tür warten, versteckt die dritte im Raum einen Wecker. Dann verbindet sie den beiden Spielerinnen die Augen und führt sie in den Raum. Dort machen sie sich auf die Suche nach dem Wecker, wobei sie sich am Ticken orientieren. Wer findet ihn zuerst?

Hinweis: Man kann ein Zeitlimit setzen, indem man den Alarm einstellt. Wenn der Wecker nicht innerhalb von z.B. fünf Minuten gefunden wird, klingelt er.

| 219 Rollende Bälle | |
|---|---|
| Alter: 10-21 | Dauer: 10-15 min. |
| Spieler: 10-20 | Ort: drinnen, Turnhalle |

Material: 10 Tennisbälle, Augenbinden

Eine Spielerin hockt sich in die Mitte des Spielfelds. Vor ihr liegen 10 Tennisbälle. Alle anderen Spielerinnen bilden darum herum einen großen Kreis und fassen sich an den Händen. Sie stehen im Abstand von mindestens 1,50 Meter zueinander und lassen sich die Augen verbinden. Die sehende Spielerin in der Mitte hat nun die Aufgabe, nacheinander alle 10 Tennisbälle in eine beliebige Richtung aus dem Kreis herauszurollen, wobei sie selbst in der Mitte hocken bleiben muss. Die „blinden" Spielerinnen versuchen, die Bälle mit den Füßen aufzuhalten.

| 220 Der Glöckner | |
|---|---|
| Alter: 12-21 | Dauer: 10-20 min. |
| Spieler: 5-20 | Ort: draußen, Turnhalle |

Material: 1 Glöckchen, Augenbinden

Eine Spielerin bekommt die Augen verbunden und wird einige Male im Kreis gedreht. Eine andere Spielerin erhält ein Glöckchen, das sie laufend schwingen muss. Nun bewegen sich alle Spielerinnen frei über die Spielfläche. Die „Blinde" muss versuchen, die Spielerin mit dem Glöckchen zu fangen. Die Gesuchte darf das Glöckchen an eine andere Spielerin weitergeben. Fängt die „Blinde" die Spielerin, die aktuell das Glöckchen hat, tauscht sie mit ihr die Rollen. Fängt sie eine Spielerin, die das Glöckchen nicht hat, bekommt diese eine Augenbinde umgebunden und wird ebenfalls zur Fängerin.

Hinweis: Anfänglich ist die Spielerin mit dem Glöckchen klar im Vorteil. Doch mit fortschreitendem Spielverlauf wendet sich das Blatt.

| 221 | Klopfzeichen |
|---|---|

Alter: 8-16        Dauer: 10 min.

Spieler: 2        Ort: drinnen

Material: 1 Bleistift, 1 Augenbinde

Ein Spieler stellt sich in die Mitte des Raumes und bekommt dort die Augen verbunden. Der andere Spieler schleicht leise im Raum umher. Von Zeit zu Zeit klopft er mit einem Bleistift auf einen Gegenstand, z.B. Tür, Schrank, Heizung, Fenster, Tisch usw. Der „blinde" Spieler lauscht aufmerksam. Er versucht zu erraten, woher das Geräusch kam und auf welchen Gegenstand geklopft wurde.

| 222 | Pfeifkonzert |
|---|---|

Alter: 10-18        Dauer: 10-20 min.

Spieler: 2        Ort: draußen, Turnhalle

Material: 1 Trillerpfeife, 1 Stoppuhr, 1 Augenbinde

Wir brauchen eine große Spielfläche. Verbinden Sie einer Spielerin die Augen, und drehen Sie sie einige Male im Kreis. Die andere Spielerin bekommt eine Trillerpfeife und darf sich ein Versteck suchen. Dort bläst sie zwei Mal die Pfeife. Die „blinde" Spielerin lauscht und versucht, die sehende Spielerin innerhalb von einer Minute zu finden. Wenn sie es schafft, werden die Rollen getauscht. Wenn nicht, darf sich die sehende Spielerin ein neues Versteck suchen.

| 223 | Instrumenten-Memory |
|---|---|

Alter: 12-16        Dauer: 10-20 min.

Spieler: 8-10        Ort: drinnen

Material: 1 Augenbinde, verschiedene Klanginstrumente

Wir bilden einen Stuhlkreis. Eine Spielerin stellt sich in die Mitte und lässt sich die Augen zubinden. Dann verteilt der Spielleiter verschiedene Klanginstrumente an die übrigen Spielerinnen, zum Beispiel Tamburin, Holzblock, Triangel usw. Zwei Spielerinnen erhalten dasselbe Instrument. Die „blinde" Spielerin zeigt nun auf eine beliebige Spielerin, die daraufhin ihr Instrument anschlagen muss. Das Mädchen mit den verbundenen Augen versucht, sich den Klang zu merken und zeigt auf eine andere Spielerin. Dies darf sie so lange wiederholen, bis sie herausgefunden hat, wer dieselben Klanginstrumente hat.

| 224 | Wer klopft an? |
|---|---|

Alter: 10-16        Dauer: 10-15 min.

Spieler: 5-15        Ort: drinnen

Material: 1 Augenbinde

Eine Spielerin hat die Augen verbunden und steht mit dem Rücken zur Gruppe. Jede andere Spielerin erhält vom Spielleiter ein Tier zugeteilt, z.B. Ente, Elefant, Esel, Katze, Hund, Maus usw. Nacheinander treten die Spielerinnen einzeln an die „blinde" Spielerin heran. Sie klopfen ihr zwei Mal auf den Rücken, woraufhin die „Blinde" fragt: „Wer klopft an?" Die Gefragte ahmt dann mit verstellter Stimme den Laut ihres Tieres nach. Kann die „blinde" Spielerin erraten, wer hinter ihr steht?

| 225 | Drei Stühle |
|---|---|

Alter: 8-16        Dauer: 10-15 min.

Spieler: 2        Ort: drinnen

Material: 3 Stühle, 1 Rassel, 1 Augenbinde

Stellen Sie in der Mitte des Raumes drei Stühle im Abstand von ca. einem Meter nebeneinander auf. Die Spielerin stellt sich im Abstand von drei bis vier Metern zu den Stühlen auf und lässt sich die Augen verbinden. Setzen Sie sich nun leise auf einen der Stühle und schwingen Sie zwei Mal eine Rassel. Die Spielerin lauscht auf das Geräusch und versucht zu raten, auf welchem Stuhl Sie sitzen. Dann tastet sie sich „blind" zu Ihnen vor, um zu überprüfen, ob sie Recht hatte.

| 226 | Katzenmusik |
|---|---|

Alter: 10-16        Dauer: 10-15 min.

Spieler: 5        Ort: drinnen

Material: 4 Klanginstrumente, 1 Augenbinde

Ein Spieler steht mit verbundenen Augen in der Mitte des Raumes. Die anderen Spieler stehen in je einer Ecke des Raumes. Jeder von ihnen erhält ein Klanginstrument (z.B. Triangel, Kastagnetten, Tamburin, Rassel). Die Instrumente werden 30 Sekunden lang gleichzeitig gespielt, während der „blinde" Spieler lauscht. Dann soll er raten, welches Klanginstrument sich in welcher Ecke des Raumes befindet.

## 227 Streichholzschachteln

Alter: 10-14 Ort: drinnen, Turnhalle

Spieler: 4-10 Dauer: 10-20 min.

Material: Streichholzschachteln, rohe Erbsen, 1 Augenbinde

Verbinden Sie einer Spielerin die Augen. Alle anderen erhalten je eine leere Streichholzschachtel, die sie mit beliebig vielen rohen Erbsen füllen. Jeder Spieler merkt sich, wie viele er hineingetan hat. Anschließend verteilen sich die Spieler im Raum. Die „blinde" Spielerin ruft nacheinander die Namen der Spieler auf, die dann jeweils ihre Streichholzschachtel schütteln. Nach ein oder auch zwei kompletten Durchgängen soll die „Blinde" raten, wer die meisten und wer die wenigsten Erbsen in seiner Schachtel hat.

Variante: Nach dem Raten schütteln nur die beiden Spieler mit den meisten und den wenigsten Erbsen ihre Streichholzschachteln. Die „blinde" Spielerin macht sich auf die Suche nach den beiden. Sie muss beide durch Abtasten erkennen, um herauszufinden, ob sie die richtigen Namen genannt hat.

## 228 Finde die Elefanten

Alter: 10-20 Dauer: 10-15 min.

Spieler: 3-10 Ort: drinnen, Turnhalle

Material: 1 Augenbinde

Eine Spielerin stellt sich in die Mitte des Raumes. Sie legen ihr eine Augenbinde an und drehen sie einige Male um die eigene Achse. Alle anderen Spieler sind die „Elefanten". Sie verteilen sich auf der Spielfläche. Wenn Sie das Startsignal geben stampft der erste Spieler drei Mal mit dem Fuß auf den Boden. Die „blinde" Spielerin lauscht auf das Geräusch und versucht, den Elefanten zu finden. Wenn sie das geschafft hat, beginnt der nächste Elefant mit dem Stampfen.

Variante: Schwieriger wird die Orientierung, wenn zwei Elefanten gleichzeitig stampfen.

## 229 Vogelgezwitscher

Alter: 10-20 Ort: drinnen, draußen

Spieler: 5 Dauer: 10-15 min.

Material: 1 Augenbinde

Eine Spielerin lässt sich ein Tuch vor die Augen binden. Die anderen vier Spielerinnen (die „Vögel") stellen sich in einem engen Kreis um die „blinde" Spielerin auf. Im Uhrzeigersinn geben die Spielerinnen nacheinander einen Piepton von sich. Die „blinde" Spielerin lauscht aufmerksam und soll anschließend raten, wer im Kreis wo steht. Wenn sie falsch rät, wird sie durch eine andere Spielerin abgelöst. Wenn sie richtig rät, entfernen sich die „Vögel" schnell, und die „blinde" Spielerin muss versuchen, einen von ihnen zu erwischen. Währenddessen geben die Spielerinnen ihren jeweiligen Piepton von sich, so dass sich die Fängerin nach Gehör orientieren kann.

## 230 Tierstimmen

Alter: 10-20 Ort: drinnen, draußen, Turnhalle

Spieler: 7-15 Dauer: 15-20 min.

Material: 1 Augenbinde

Wir bilden einen großen Kreis. Ein Spieler stellt sich in die Mitte. Er bekommt die Augen verbunden und wird einige Male um die eigene Achse gedreht. Nun ruft er nacheinander die Namen der Spieler auf oder zeigt auf eine beliebige Person. Jeder aufgerufene Spieler ahmt eine beliebige Tierstimme nach. Der „blinde" Spieler ruft „Stopp", wenn ihm auffällt, dass eine Tierstimme erklingt, die zuvor schon einmal jemand gemacht hat. Der betreffende Spieler tauscht dann mit dem „blinden" Spieler die Rollen.

| 231 Geräuschmemory | 232 Rhythmus nachspielen |
|---|---|
| Alter: 8-14      Ort: drinnen<br>Spieler: 2      Dauer: 10-15 min.<br><br>Material: Filmdöschen, kleine Gegenstände, 1 Augenbinde<br><br>Füllen Sie leere Filmdöschen oder andere Behälter mit unterschiedlichen Materialien, z.B. Reis, Erbsen, Sand, Sonnenblumenkerne, Murmeln, kleine Steine usw. Verbinden Sie dem Kind die Augen. Schütteln Sie nun die Behälter in beliebiger Reihenfolge. Das Kind soll den Inhalt erraten und herausfinden, welche Behälter mit dem gleichen Material gefüllt sind.<br><br>Hinweis: Das Kind sollte den Inhalt der Döschen vor dem Spiel nicht gesehen haben und auch nicht wissen, wie viele verschiedene oder gleiche es gibt. | Alter: 8-14      Ort: drinnen<br>Spieler: 2      Dauer: 10 min.<br><br>Material: 2 Tamburins, 1 Augenbinde<br><br>Verbinden Sie dem Kind die Augen und geben ihm ein Tamburin in die Hand. Stellen Sie sich in etwa vier Metern Entfernung auf, und spielen Sie auf ihrem Tamburin einen einfachen Rhythmus. Das Kind soll diesen Rhythmus auf seinem Tamburin so genau wie möglich nachspielen. Wenn ihm das gelingt, darf es sich „blind" auf die Suche nach Ihnen machen. In der nächsten Runde haben Sie die Augen verbunden, und das Kind spielt Ihnen einen Rhythmus vor. |
| 233 Aktive Klangreise | 234 Passive Klangreise |
| Alter: 8-14      Ort: drinnen<br>Spieler: 5-15      Dauer: 15-20 min.<br><br>Material: Klanginstrumente, Augenbinden<br><br>Die Klangreise ist eine beliebte Entspannungsübung, für die wir eine große ebene Spielfläche mit wenigen Nebengeräuschen brauchen. Sie verbinden den Kindern die Augen und drehen sie einige Male um die eigene Achse. Dann gehen Sie leise über die Spielfläche und erzeugen alle 20 Sekunden einen Ton mit einem Klanginstrument. (Rassel, Triangel, Tamburin) Die Kinder lauschen und versuchen, dem Geräusch zu folgen, indem sie sich mit ausgestreckten Händen langsam über die Spielfläche tasten. Wenn ein Kind Sie gefunden hat, darf es sich auf den Boden hocken. Setzen Sie anschließend das Spiel mit einem anderen Klanginstrument fort, bis alle Kinder auf dem Boden hocken. Eine Minute lang bleibt alles ganz still. Dann signalisieren Sie mit einem Händeklatschen, dass die Augenbinden abgenommen werden dürfen. | Alter: 8-14      Ort: drinnen<br>Spieler: 5-15      Dauer: 20-30 min.<br><br>Material: Klanginstrumente, 1 Augenbinde<br><br>Verbinden Sie einem Kind die Augen. Geben Sie ihm einen Moment Zeit, sich an die Dunkelheit zu gewöhnen und die Wahrnehmung vom Sehen auf das Hören umzustellen. Die übrigen Kinder verteilen sich auf der Spielfläche, und jedes erhält ein eigenes Klanginstrument. Dann führen Sie das „blinde" Kind langsam über die Spielfläche. Ältere Kinder nehmen ihre Hände hinter den Rücken, während sie geführt werden. Immer, wenn Sie sich einem der sehenden Kinder bis auf ca. einen Meter nähern, erzeugt es mit seinem Instrument einen Ton. Nach fünf Minuten werden die Klanginstrumente neu verteilt, und ein anderes Kind bekommt die Augenbinde. Im Anschluss an die Übung können die Kinder versuchen, eine Karte von der Spielfläche zu zeichnen, auf der sie eintragen, wo sie welches Klanginstrument gehört haben. Mit ein bisschen Übung und Vertrauen können die Kinder einander auch gegenseitig führen. Oder Sie geben einmal selbst die Kontrolle ab und lassen sich von den Kindern auf eine „blinde" Klangreise mitnehmen. |

# Wo raschelt es?

Mit dieser kleinen Übung können Sie Aufmerksamkeit und Richtungshören gut zwischendurch trainieren. Binden Sie dem Kind ein Tuch vor die Augen, und drehen Sie es einige Male im Kreis. Dann gehen Sie langsam durch den Raum und erzeugen dabei mit einem zerknüllten Stück Papier ein Rascheln oder Knistern. Das Kind lauscht, streckt die Hände vor und lässt sich von der Geräuschquelle „blind" führen. Nach einiger Zeit stellen Sie das Rascheln ein, gehen aber weiterhin leise durch den Raum. Währenddessen muss das Kind stehenbleiben und so lange warten, bis das Geräusch wieder zu hören ist. Wenn Sie ein anderes akustisches Signal geben (z.B. Händeklatschen) verwandelt sich die Übung in ein Blindekuhspiel, und das Kind versucht, Sie zu fangen.

# Experimente: Richtungshören mit Augenbinde

### Klopfgeräusche

Zwei Tische stehen parallel zueinander. An jedem Tisch sitzt eine Person mit einem Bleistift. Stelle dich zwischen den beiden Tischen auf und verbinde dir die Augen. Nun klopft eine der beiden Personen leise mit dem Bleistift auf den Tisch. Zeige an, ob sich das Geräusch rechts oder links von dir befindet. Kannst du auch erkennen, wenn beide Personen gleichzeitig auf den Tisch klopfen?

### Fallende Bleistifte

Bildet einen Kreis. Jede Person im Kreis bekommt einen Bleistift von möglichst gleicher Art und Länge. Stell dich in die Mitte und lass dir die Augen verbinden. Nun lässt eine Person seinen Bleistift auf den Boden fallen. Lausche auf das Geräusch und zeige auf die Person. Dann wird es schwieriger. Zwei Personen lassen gleichzeitig ihren Bleistift fallen. Zeige auf diese Personen. Kannst du sagen, welcher Bleistift als erster den Boden berührt hat?

### Hören durch den Schlauch

Für dieses Experiment benötigst du einen ca. einen Meter langen Schlauch, einen Bleistift und zwei Trichter. Die Trichterstutzen werden fest in die beiden Schlauchenden gesteckt. Verbinde der Versuchsperson die Augen. Sie soll nun die Trichter möglichst dicht an die Ohren halten. Stell dich hinter die Versuchsperson und klopfe mit dem Stift in unregelmäßigen Abständen irgendwo auf die Schlauchverbindung. Die Versuchsperson lauscht aufmerksam und soll sagen, ob das Geräusch von rechts oder von links kommt.

### Welche Ecke ist leer?

Drei Personen stellen sich in je eine Ecke des Raumes, so dass eine Ecke frei bleibt. Stell dich in die Mitte des Raumes. Dir werden die Augen verbunden, und du wirst so lange im Kreis gedreht, bis du die Orientierung verlierst. Nun schwingen die drei Personen 20 Sekunden lang gleichzeitig eine Rassel. Lausche auf die Geräusche und versuche, auf die Ecke zu zeigen, in der niemand steht.

### Finde deinen Stuhl

Alle Spieler sitzen mit verbundenen Augen auf einer Bank. Stellen Sie auf der großen Spielfläche verstreut Stühle auf. Ordnen Sie dann jedem Spieler ein Klanginstrument zu. Lotsen Sie nun nacheinander jeden Spieler mit seinem Instrument zu einem der Stühle. Erzeugen Sie laute Töne, wenn der Spieler noch weit entfernt vom Stuhl ist und leise Töne, wenn er nahe dran ist. Versuchen Sie, durch Ihre Position die Richtung der Spieler zu beeinflussen und sie um die anderen Stühle herum zu führen. Bitten Sie die Spieler, ihre Hände auf den Rücken zu nehmen, damit sie sich während ihres Wegs durch den Raum ganz auf ihr Gehör verlassen müssen.

# Youtube-Challenges

Auf Youtube haben „Blindfold Challenges" Konjunktur. Der Film „Bird Box" mit Sandra Bullock hat diese Challenges zu einem Massenphänomen gemacht. Worum geht es dabei? Ganz einfach: Du bekommst die Augen verbunden und versuchst, eine Aufgabe ohne die Hilfe des Sehsinns zu meistern. Hören, Riechen, Schmecken und Tasten werden gefordert, aber auch Mut, Geschicklichkeit, Konzentration und Fantasie. Während einige der Challenges auf klassischen Kinderspielen beruhen, geht es bei anderen eher darum, alltägliche Tätigkeiten „blind" auszuführen. Bei beiden Varianten wirst du schnell merken, dass mit verbundenen Augen selbst die einfachsten Dinge zu einer spannenden und lustigen Herausforderung werden. Vergiss bei den Challenges nicht, auf die Sicherheit zu achten! Hier ist eine kleine Auswahl von (relativ) ungefährlichen Challenges. Unter den Stichworten findest Du auf Youtube zahlreiche Beispielvideos.

**Was ist in meiner Hand Challenge**: Du bekommst die Augen verbunden und musst Gegenstände ertasten, die dir dein Partner in die Hand gibt. Die Challenge lässt sich erschweren, indem zwei oder mehr Gegenstände zusammengeklebt oder miteinander verbunden werden.

**Was ist in meinem Mund Challenge**: Du bekommst die Augen verbunden und wirst von deinem Partner gefüttert. Versuche, verschiedene Lebensmittel am Geschmack zu erkennen. Schwieriger wird es, wenn dir dabei die Nase zugehalten wird. Bei einer anderen Variante steckt dir dein Partner nicht essbare Gegenstände in den Mund, die du mit den Lippen und der Zunge ertasten musst.

**Riechen Challenge**: Du hast die Augen verbunden und musst erschnuppern, was dir der Partner unter die Nase hält.

**Blind schminken Challenge**: Dein Partner sitzt dir gegenüber. Verbinde dir die Augen und versuche, ihn so gut du kannst zu schminken. Die Schminksachen liegen vor dir. Du musst sie zuerst ertasten, bevor du sie benutzt.

**Donut Challenge**: Ein Donut hängt an einer Schnur von der Decke herab. Lass dir die Augen verbinden und nimm deine Hände auf den Rücken. Versuche nun, den Donut mit dem Mund zu schnappen und zu essen.

**Blindfolded Book Challenge**: Du bekommst die Augen verbunden. Dein Partner sucht einige Bücher aus deinem Bücherregal aus und gibt sie dir nacheinander in die Hand. Kannst du durch Tasten herausfinden, um welche Bücher es sich handelt?

**First Sentence Challenge**: Lass dir die Augen verbinden. Dein Partner sucht einige Bücher aus deinem Bücherregal aus und liest dir aus jedem Buch den ersten Satz vor. Kannst du erraten, um welche Bücher es sich handelt?

**Blind basteln Challenge**: Du sitzt mit verbundenen Augen am Tisch. Vor dir werden verschiedene Bastelmaterialien ausgebreitet, aus denen du innerhalb von fünf Minuten etwas basteln sollst. Zur Sicherheit keine scharfen und spitzen Scheren verwenden!

# Materialien für Spiele und Challenges

Wer für Challenges, Geburtstage, Partys, Gruppenstunden, Freizeiten, Verein, Schule, Umweltpädagogik, Erlebnispädagogik oder Teambuilding regelmäßig Spiele mit verbundenen Augen einplant, sollte sich einen kleinen Fundus an Materialien zulegen. Die meisten Dinge finden Sie in jedem Haushalt. Sammeln Sie kleinere Gegenstände am besten in einem Schuhkarton. Dazu können Sie geeignete Tücher und Schals als Augenbinden legen. Das erspart langes Suchen.

## Geschicklichkeitsspiele

Kochlöffel, Tennisbälle, Softbälle, Tischtennisbälle, leere Toilettenpapierrolle, Eimer, Schalen, Glöckchen, Kronkorken, Papier, Stifte, Schnur, Watte, Socken, Schuhe, Bierdeckel, Kreide, Tücher, Stühle, Wäscheklammern, Murmeln, Löffel, leere Flaschen, Geldstücke, Kleidungsstücke, Würfel, Schüssel, Streichholzschachtel, Klebepunkte, Süßigkeiten, Pappbecher, Kerzen, Luftballons, Scrabble-Steine, Stoppuhr

## Vertrauens- und Kooperationsspiele

Hütchen, Seile, Schnur, Bierdeckel, Stühle, Bänke, Tische, Kästen, Matten, Luftballons, Gymnastikreifen, Rollbrett, Kreide, Klebeband, Keulen, Stäbe, Flaschen, Eimer, Schalen, Tennisbälle, Softbälle, Schwungtuch

## Sinnesspiele

**Tasten und Fühlen:** Watte, zerknülltes Papier, Radiergummi, Waschlappen, Löffel, Gabel, Feder, Puppe, Bürste, Seil, Briefumschlag, Flaschenöffner, Knöpfe, Kugelschreiber, Büroklammer, Lineal, Bleistifte, Pinsel, Anspitzer, Schmirgelpapier, Tennisball, Tischtennisball, Wäscheklammern, Schuhe, Bücher, Kochlöffel, Fingerhut, Würfel, Schlüssel, Münzen, Korken, rohe Erbsen, rohe Linsen, Beutel, Pappbecher, Pappe, Schere. Für Spiele im Freien Naturmaterialien wie Erde, Sand, Kieselsteine, Moos, Gras, Tannenzapfen, Blätter

**Riechen und Schmecken:** Seife, Parfüm, Paprika, Zucker, Pfeffer, Muskat, Essig, Vanille, Curry, Basilikum, Kaffee, Apfelstücke, Birnenstücke, Pfirsichstücke, Nutella, Mehl, Paprikastücke, Kirschen, Banane, Ananas, Jogurt, Pudding, Teebeutel, Duftsäckchen, Filmdöschen, Schüsseln, Löffel

**Hören und Orientieren:** Glöckchen, Schellen, Rassel, Tamburin, Triangel, Holzblock, Kastagnetten, Streichholzschachtel, Filmdöschen, Wecker, Trillerpfeife, Bleistift, Stoppuhr

## Nicht nur für den Kindergeburtstag

Spiele mit verbundenen Augen sind nicht nur ein lustiger Klassiker für den Kindergeburtstag, sondern können auch einfach mal zwischendurch eingestreut werden. Bauen Sie kleine Spiele und Übungen in den Alltag ein, damit die Kinder Geschicklichkeit, Sinne und Orientierungsvermögen regelmäßig trainieren können. Die meisten Kinder empfinden das Verbinden der Augen als spannend und angenehm, auch wenn es etwas Überwindung kostet, sich auf die Situation einzulassen. Auch Jugendliche lassen sich leicht dafür begeistern, wenn der Schwierigkeitsgrad entsprechend angepasst wird. Je nach Anlass und Ort können lebhafte Spiele zum Austoben ausgewählt werden oder ruhigere Spiele und Übungen, die etwas Meditatives haben. Sie ermöglichen eine willkommene Pause von der visuellen Reizüberflutung und eröffnen die Möglichkeit, seine Umwelt einmal ganz anders wahrzunehmen. Wichtig sind in jedem Falle eine entspannte und vertrauensvolle Atmosphäre und eine Umgebung, in der sich die Spieler/innen mit verbundenen Augen sicher bewegen können.

# Literatur

Susanne Beermann/ Monika Schubach, Spiele für Workshops und Seminare, Freiburg 2015.

Regina Bestle-Körfer, Sehen, hören, schmecken. Mit Kindern alle Sinne entdecken, Freiburg 2005.

Michael Birnthaler, Teamspiele. Die 100 besten Gruppenspiele, Stuttgart 2013.

Jutta Bläsius, „Was berührt mich da?" Taktile Wahrnehmungsspiele, Dortmund 2008.

Hajo Bücken, Kimspiele. Spiele zum Sehen, Schmecken, Riechen, Tasten, Hören und Denken, München 1987.

Josef Greiesbeck, Spiele für die Sinne, Calw (2.Aufl.) 2006.

Uli Geissler, Irgendwas. Spiel und Spaß mit einfachem Material, Luzern 2011.

Rudolf Guder, Spiele mit verbundenen Augen, Weinheim 1985.

Sybille Günther, Das Wahrnehmungs-Spielebuch. Über 250 praxisorientierte Wahrnehmungsspiele für alle Gelegenheiten, für jedes Alter, Münster 2010.

Michael Holtmann, Das große Buch der Kinderspiele, Bayreuth 2005.

Edmund Jacoby, Himmel, Hölle, Blindekuh. Kinderspiele für drinnen und draußen, Stuttgart 2012.

Herbert Kersberg, Spiele zur Natur- und Umwelterfahrung. Ein Beitrag zur erlebbaren Umwelterziehung, Hamburg 1994.

Christian Kirchsteiger, Soziales Lernen, 5 Bde.: Gruppenspiele Indoor 1-3, Gruppenspiele Outdoor, Gruppenspiele Indoor & Outdoor, Brunn am Gebirge 2012-17.

Patrik Lehner, Bäumig! Waldspiele kreuz und quer, Luzern 2005.

Christian Mehler, Aufgaben für Spiele in der Kinder- und Jugendarbeit. Aufgaben, Partneraufgaben und Mutproben für Olympiaden, Geländespiele, Rallyes und weitere Aktionen für Kinder und Jugendliche, Norderstedt 2014.

Christian Mehler, Gruppenaufgaben. Gruppendynamische Spiele zur Förderung von Kooperation, Kommunikation, Teamwork und für eine bessere Zusammenarbeit in der Kinder- und Jugendarbeit, Norderstedt 2012.

Stefan Schulz/ Birte Hesebeck/ Georg Lilitakis, Praxishandbuch für soziales Lernen in Gruppen. Erlebnisorientiertes Arbeiten mit Kindern, Jugendlichen und Erwachsenen, Münster 2007.

Barbara Rath, Sinnesspiele. 44 Spiele und Aktionen zum Entdecken der eigenen Fähigkeiten und Grenzen, Neukirchen-Vluyn 2014.

Rudolf Seitz, Tastspiele, München (7.Aufl.) 1994.

Sara A. Shaw, Beaucoup Bandanas. 50 Plus Creative Ways to Use Bandanas as an Experiential Tool in the Classroom, in the Gym or at Camp, Tulsa/ Oklahoma 2005.

Giesela Walter, Kinder entdecken ihre sieben Sinne. Spiele und Experimente zur Sinneswahrnehmung, Bd.1: Sehen, Hören, Riechen, Schmecken, Bd.2: Tasten, Bewegen, Gleichgewicht halten, Münster 2011-12.

# Online

Abenteuerprojekt: Erlebnispädagogische Übungen und Spiele
http://www.abenteuerprojekt.de/Spiele/index.php

Anschuggerle

Gruppenspiele, Methoden und Übungen für die Kinder- und Jugendarbeit, Schule, Kindergarten, Zeltlager, Seminare und auch Spiele für Erwachsene, https://anschuggerle.com/

Gruppenspiele-Hits: Sammlung von Gruppenspielen mit pädagogischen Erläuterungen, http://www.gruppenspiele-hits.de/index.html

Kikisweb: Kleine Sammlung von Partyspielen mit verbundenen Augen, https://www.kikisweb.de/spielundspass/spiele/partyspiele/verbundeneaugen/augen.htm

Locker bleiben: Spielesammlung für Psychomotorik und Erlebnispädagogik,

http://www.locker-bleiben-online.de/spielesammlung

Spielefundus: Kleine Sammlung von Spielen mit verbundenen Augen,

http://www.spielfundus.de/spiele/verbundeneaugen/verbundeneaugen.htm

Spielewiki: Spiele mit Augenbinden http://www.spielewiki.org/wiki/Kategorie:Spiel_mit_Augenbinde

Spielotti: 1.001 Spielideen für Gruppen, http://www.labbe.de/spielotti/index.asp?materialid=1369

The largest list of blindfold games on the web (englisch): Umfangreiche Sammlung von Spielen mit verbundenen Augen, http://www.tllbgw.com/

Kid activities (englisch): 15 Spiele mit verbundenen Augen, https://www.kidactivities.net/blindfold-games/

Hry poslepu (tschechisch): Großes Verzeichnis von Spielen mit verbundenen Augen, http://drobek.mysteria.cz/deti/hry/poslepu.html

Ullis Materialbörse: Materialsammlung für die christliche Jugendarbeit, https://www.materialboerse.ejo.de/

Ohrenspitzer.de: Spiele zur Förderung der akustischen Wahrnehmung, https://www.ohrenspitzer.de/methoden/methodendatenbank/hoeren-trainieren/

Versuche zum Thema Sinne:

https://docplayer.org/20901058-Versuche-zum-thema-sinne.html

http://www.idn.uni-bremen.de/biologiedidaktik/Materialien/Kinderuni2010/Forscherheft.pdf

**Fotos: M. Kuzova, K. Vogler, R. Wellbeloved Stone, S. Adus, A. Poulsen**